普隐讲演录

存在与解脱

四谛思想的智慧

圣凯 著

人民东方出版传媒
People's Oriental Publishing & Media
東方出版社
The Oriental Press

图书在版编目（CIP）数据

存在与解脱：四谛思想的智慧 / 圣凯著. -- 北京：东方出版社, 2025.7.
ISBN 978-7-5207-4432-4
I. B21
中国国家版本馆 CIP 数据核字第 2025ZA9768 号

存在与解脱：四谛思想的智慧
CUNZAI YU JIETUO: SIDI SIXIANG DE ZHIHUI

作　者：	圣　凯
责任编辑：	申　浩
出　版：	东方出版社
发　行：	人民东方出版传媒有限公司
地　址：	北京市东城区朝阳门内大街 166 号
邮　编：	100010
印　刷：	万卷书坊印刷（天津）有限公司
版　次：	2025 年 7 月第 1 版
印　次：	2025 年 7 月第 1 次印刷
开　本：	880 毫米 ×1230 毫米　1/32
印　张：	6.375
字　数：	110 千字
书　号：	ISBN 978-7-5207-4432-4
定　价：	49.80 元

发行电话：(010) 85924663　85924644　85924641

版权所有，违者必究
如有印装质量问题，我社负责调换，请拨打电话：(010) 85924602　85924603

"普隐讲演录"总序

"讲演"是讲者与听众进行教学活动的过程，是世界各大文明体系发生的活动渊源。孔子周游列国讲学论道，佛陀在恒河两岸讲经开示，柏拉图在学园讲学，显现了他们作为"思想范式创造者"在文明史上的伟大魅力。作为教化过程的"讲"，从来不只是语言的发生，更有师生、讲者与听众等关系的展开，"闻"表现了"讲"是关系的成就、生活的呈现，"教化"则将"讲"上升到文明、道德、教育等价值与意义。因此，"讲"意味着语言的出现、关系的展开、生活的呈现与价值意义的彰显，"讲演"似乎更能统摄如此众多的内涵。

在佛教经典传统中，"讲演"作为活动常常被称为"开示"，一直沿用至今；"演布开示""敷演开示""开示演说"等译语，说明了"开示"包含着讲、演、教化等意义。"讲"意味着"学"的出现，学生以"闻"为途径，以"学"为目标；

老师以"讲"和"演"为方法,以"传道、授业、解惑"为目标,从而实现了教化的全部意义。

"讲"与"学"不仅包含知识传授,更有能力培养与价值塑造。因此,老师作为知识、能力、价值的传授者,不仅需要语言的讲说,更需要身体的演示与生命的呈现。所以,教化或教育皆强调老师的"言教"与"身教",言行一致意味着教化需要语言的魅力、师生关系的缘起成就、教学过程的有效性、价值意义的领受。所以,"讲"包含着语言、知识、认知,"演"意味着身体、情感、意志,以语言传达知识,以身体显现关系,以情感提升学习的热情,以大道融会关系、教学,济济一堂,大道在焉。

随着文字的出现,"录"意味着"讲""演"的延伸与历史显现,从而出现"讲演录"。"讲演录"是世界文明史中非常悠久的传统,《论语》是孔子的讲演录,《世界史哲学讲演录》是黑格尔1822—1823年冬季学期在柏林大学第一次讲授世界史哲学的学生课堂笔记,《魏晋南北朝史讲演录》是万绳楠教授根据笔记整理陈寅恪先生(1890—1969)有关魏晋南北朝史的讲演录等。

我作为一名老师,教学、讲演既是自己的日常生活,更是生命意义的具身显现。随着录音、录像设备的发达,有幸保留了过去岁月的一些音像资料，幸得东方出版社编辑老师的赞许与肯定，所以整理成"讲演录"。这些"讲演录"的出版，不仅是声音转成文字，更意味着讲学场所在某种意义上的扩大与延伸，从"此时此地此人"的讲学关系变成一种公共的阅读生活。这种扩大、延伸与转变，意味着"讲演录"的整理需要创造性转化与创新性发展的视野；时代价值、当代阅读、传统文化融汇于其中，是一件殊胜、有意义、幸运的事。

"讲演录"的阅读，既需要一种知识的理解、情感的共振，有时也需要一种历史的想象——文字背后真实的讲学生活。期待能够从当初的真实生活，顺着文字与阅读，与阅读者成就广大和谐的法界缘起。

最后，与大家共勉：

譬如有目者，因灯见众色，
有智依多闻，能别善恶义。
多闻能知法，多闻离不善，
多闻舍无义，多闻得涅槃。

圣凯于清华园

二〇二五年一月廿六日

目录

《普隐讲演录》总序 __001

佛：佛学与学佛

佛法 __004

佛教 __008

佛学 __017

学佛 __019

经：说法与诠释

法与说法 __025

教法结集与经典的形成 __038

佛陀说法立教的理想与法的变迁 __041

内在诠释之道与解脱诠释学 __045

法：存在即痛苦

存在的思考 __053

宇宙人生的本质与现象 __058

心：存在与认识

认识与量论 __073

识与境 __079

存在、语言与真理 __084

缘起：业力与因果

缘起的"此缘性"与"相依性" __097

业力的原理与意义 __106

因果与业感 __111

轮回：无我与自我

我与无我 __117

轮回与生命的转变 __128

烦恼：无明与分别

  无明与爱见 __140

  烦恼生起的心理机制 __150

修道：中道与三学

  中道与方法 __158

  佛教修行纲要：戒、定、慧三学 __166

解脱：幸福与自由

  解脱与幸福 __177

  解脱与自由 __188

后记 __192

佛：佛学与学佛

人生有限，人生的价值却可以无限。人通过将经验、智慧分享给其他个体，就能够超越个体的局限，使有限的生命创造出无限的价值，这就是生命意义的实现。佛陀有八十年的化身寿命，但他涅槃后，佛法仍然不断地被后世学习体证。佛法的智慧帮助人类断除烦恼、彻见本心，这就是法身常在的证明。

我们都是修行者，该如何面对生命的圆满与缺憾？一个人如果能在有限的时空中，诚心地把自己的生命分享给宇宙中的芸芸众生，那么这一期生命死亡后，这样的生命即使有缺陷，也依然充满了意义。

佛法、佛教、佛学、学佛，这四个概念有各自不同的呈现。在现今这个快速发展的时代，对四者的内涵进行廓清和析论十分必要。

佛法

什么是佛法？

"法"，是不变的规律，是佛陀发现的真理。法具有本然性、安定性、普遍性，从而被称为"法性、法住、法界"。法的第一个特点是本然性。本然性意味着本来如此。真理本来就存在于宇宙中，在佛陀出现于世间之前就已经存在，只是被佛陀所发现、认识。法的第二个特点是安定性。安定就是稳定的状态。两千五百年前佛陀发现的真理，到今天依然适用于所有的众生，因为真理是历时空不变的，法是历劫不坏的。法的第三个特点是普遍性。普遍意味着适用于一切宇宙众生，不仅适用于人，也适用于所有的有情、无情众生。

法是宇宙真理的如实体现，佛陀为指引众生而传授佛法，这些在人间广为流传的"佛法"即是世俗谛。世俗谛的"佛法"是根据语言表达的方便性而设立的，展现了大小乘佛教教义中蕴含的丰富哲理。当佛陀为众生讲法时，这些法的展现形式须适应众生的根机与悟性，而众生根机的变化也会导致法的传授方式有所调整。在这个时空里，唯一不断变化的只有众生的根机，而法本身则是恒久不变的。换言之，佛法作为宇宙真理的体现，是不存在发展与否的问题的，因为它始终是恒定不变的。然而，佛教作为一种宗教体系，是随着时间和地域的发展而不断演进的。这是因为佛教包含了信仰的成分，而信仰的表达方式在不同时代、不同国家、不同人群中会有所不同。佛法通过适应众生的根机来展现不同的传授方式，这种变化在印度和中国都有体现。在印度，佛教分为大乘和小乘；在中国，则形成了八大宗派。随着时间的推移，还出现了人间佛教改革和对禅学的各种解读，这些都是佛法在世间流传的适应性变化。因此，我们可以说佛法是恒久不变的，而佛教则是不断发展的，这是因为众生的根机差异导致了佛教传授方式的不断演进。

在人生的旅途中，我们常常面临四个根本问题：我来自何处？我为何不快乐？我活着有什么意义？我死后去向何方？也可以说，人来到这个世界上，谈生论死，学佛修道，就是要解决这四个问题的。佛教解决这四个终极问题的法门可以概括为四圣谛。四圣谛不仅是佛法的核心，也是我们理解人生、探寻真理的关键所在。

四圣谛，即苦、集、灭、道，这是佛陀所揭示的真理、修行与解脱的路径，也是佛教真理观、修道论与解脱论的基石。苦谛与集谛探讨宇宙中种种现象的产生，这是佛教宇宙论与烦恼论的基础；灭谛、道谛则偏重佛教的解脱论与修道论。"苦"是整个佛法体系的核心聚焦。佛法之所以围绕"苦"展开，是因为世间生活的本质就是苦。"苦"的生起与灭去，就是生死与解脱。任何存在的当下，都是痛苦的；种种对待的当下，也是痛苦的。苦谛展示了佛教作为宗教的终极关怀，即对人类存在意义的深刻思考。关怀他人，并告知他们人生痛苦的本质。佛教认为只有直面痛苦，才有可能找到从中解脱的方法。从宗教的层面来看，这是终极关怀最究竟的表达方式。若要问宗教对人类有什么意义，就是这种存在的意义。集谛是探索终极真实的开端，它揭示了世间最真实的面貌，即最究竟的真实。灭谛则揭示了佛教的终极目标：解脱，即当因缘灭去时，痛苦也随之消除。而道谛则是修行者通往解脱的必经之路，它要求修行者在精神与实践层面上不断进步和自我磨砺，深化对生命与自我精神的理解与承担。修行的本质不在于为他人，而是对生命本身、对自我生命的深刻承诺与尊重。

四圣谛作为佛法的框架，可以含摄所有的佛法。整个佛教的教义与实践，无论是小乘佛教、大乘佛教，还是南北朝时期的佛教学派、中国佛教的八大宗派，都遵循着四圣谛而展开。无论是《成实论》的五聚，还是净影慧远的《大乘义章》的四十四卷，其底层逻辑都是四圣谛。四圣谛含摄了"佛法"的真谛、中道、解脱，后来的部派佛教、大乘佛教乃至中国佛教思想的诠释与发展，皆不离四圣谛的范畴。

佛教

佛教以三宝为中心

佛教的范畴相较于佛法更为广泛，是依佛、法、僧三宝为根本建立的宗教体系。佛教的内涵包括释迦牟尼佛以来的教义、教理等宗教观念、宗教修行的生活方式，以及佛法流传于世界各国各地逐渐形成的宗教文化（即佛教特有的文学艺术与伦理道德等）。

三宝，即佛、法、僧，因其珍贵稀有故称为"宝"。三宝的种类为：第一，现前三宝，即释迦牟尼佛在世时的三宝；第二，住持三宝，指佛灭后各时代佛教中的三宝；第三，一体三宝，强调三宝之间不可分割、互为依存的紧密关系。"佛"指的是佛教的创始人释迦牟尼佛，从佛陀的生平事迹中逐渐衍生出对佛陀、佛身及菩萨、净土的信仰，进而形成了佛教信仰的礼仪制度、艺术等表现形式；"法"是以四圣谛为核心形成的教义思想；"僧"则是指信仰、弘扬、实践佛教思想的僧众，亦包括信仰佛教的居士团体，在"僧"的信仰实践中形成了戒律、清规制度及中国佛教特有的罗汉信仰、祖师信仰等。

所以从佛教的概念来讲，"佛"是佛教的信仰层面，自释迦牟尼佛开始，进而形成佛陀观，也就是我们如何看待佛陀的化身、报身和法身。此外，菩萨信仰、净土信仰，以及与之相关的礼仪、制度、艺术等，均属于"佛"的层面。"法"则聚焦于佛法的教义层面，以四圣谛为纲领。"僧"主要指佛教的制度层面。佛教作为一个宗教，不是一个简单的思想体系或信仰体系，最主要的是它有教团组织。这个教团组织，是佛教存在于世间的实体。从中国佛教来讲，"僧"还包括罗汉信仰、祖师信仰等。综上所述，佛、法、僧共同构成了佛教的三宝观念。

有人问，佛陀当年的教化，是不是意在创建一个宗教？答案是否定的。佛法本质上是教法，通过流传和发展，逐渐形成了教团组织。这个组织不仅包括教义、教理，也包括宗教的修行与信仰，并且产生了共同的宗教信念，即信仰。信仰的表达方式可以是多样的，任何人都可以用自己的方式去表达信仰，即使是同一个国家、同一个民族，在表达信仰的过程中，也会有不同的部分。

人具有三个层面的属性：动物属性、社会属性、信仰属性（价值追求）。第一，人具有动物属性，就是说生存是人的最基本需求。第二，人具有社会属性，正如马克思所说，人的本质是一切社会关系的总和。人生活在社会中，相互比较、相互影响，不存在一种绝对好的生活。第三，人还渴望证明自己的价值，只有信仰能够实现这一点。人具有社会属性，所以人的价值也需要通过一定的名利体现。作为一个人，是无法完全隔绝名利的，从人的社会属性来讲，一定的名利也是必要的。关键的问题是，要分辨出名利是怎么来的，从佛法上讲，名利就是你功德感应的结果。你修道有功德自成，就会有名利，这种水到渠成、自然而然的名利，不是炒作而来的。

然而，即使我们获得了名利，依然需要保持谨慎和清醒。名利，本质上是对"我"的扩展和累积。名，是我们影响力的扩大。比如一个人开微博，天天关注自己有多少粉丝，因为粉丝量的增多，就是"我"的扩大，这就是对名的贪恋；利，则是"我"的累积。然而，对名利的过度追求和贪恋，往往会导致我们迷失自我，陷入无休止的争斗和欲望中。名利有两个特点：第一，无常。今天高高在上的名人，明天可能就变成阶下囚；今天银行卡里存有巨款，说不准哪天就有可能倾家荡产。第二，无我。名利是不受任何人控制的，到底是谁把谁捧上台，谁把谁拉下去，真的很难说清楚。所以，人们追求名和利，就是在追求一个完全无常和无我的东西。人为什么活得如此辛苦？只因希望无常能成为常，非要去掌控不可控的无我。这就是信仰的缺失。一个人若没有了信仰，就会迷失在名利中，找不到人生的意义和根本目标。

三宝的关系

三宝的关系，就是佛法僧的关系。佛，是自觉正法，见法即见佛。众生见法了，佛自然就法身常在。所以，佛陀的法身常存在于世间。佛陀是先觉者，所有众生、修道者都是后觉者。僧，僧在即法在，只要有出家人在，佛法就能久住于这个世间。

宗教与哲学，虽然都追求真理，但二者之间有着本质的区别。哲学是对真理的发现与阐释，从亚里士多德到康德，他们都是对宇宙人生真理的阐释者，在真理这个层面哲学跟宗教是相同的。但是，宗教不仅是对真理的探求，还包含了道德、艺术，并且有实体性的教团组织。哲学家只解决自己的问题，一个哲学家如果领悟了宇宙人生的真理，他其实特别痛苦，因为看得太清。比如尼采看清宇宙人生的痛苦之后，他是无法安住自己的生命的。并不是只要看清楚这个世间，就能安住其间。宗教则不同，宗教家不但要解决自己的问题，还要解决别人的问题。这就是宗教家的存在意义，自觉并且觉他。这需要一种热情，信仰是需要热情的，这种热情就是源于内心的确认。

所以佛教存在于世间，它的根本目标有两个：第一，追求正法久住，即让佛法在世间持续发挥作用，有实践者、修道者不断传承与发扬；第二，广度众生、觉他大众，自利利他。《摩诃僧祇律》里面讲，佛陀制戒有十大意义，综合起来就是两种利益：梵行久住和广开人天甘露门，后者指的就是觉他大众，所以佛法的理想中包括对众生的救度。这个时代是理想缺失的时代，如果我们今天的教团也没有秉承佛陀的理想，那就很糟糕了。所以，佛法能久住世间靠的是什么？就是靠理想的教化，这个法是靠理想去传播的。

僧伽的"中介"功能

按照宗教学的定义,宗教的神职人员最重要的职责是中介,做人与神之间沟通的桥梁。信徒为什么供养你?是希望通过你,拉近跟佛的距离。在佛法中,神职人员实现这种中介功能有以下几个方面的体现。

第一,佛教的专家,必须具备正确的佛教信仰,能正确地理解佛教的世界观、人生观等教理学说,由正确的实践修行,而得到深切的、体验的开悟。现在佛教界有一些不良现象,有的人称之为"和尚不作怪,居士不来拜",就是说法师如果会看风水、懂点算命,这样的话居士供养就会多一点。如果有利益,众生就会追随这个利益而来,这个时候别人找你都是为了利益交换,众生靠现实的利益围绕在你身边,这样就成了有术没有道。而作为佛教的出家法师,会不会这些术是无关紧要的,法师弘扬的是道,也就是佛法。所以,作为出家法师,要具备正见的正信,还要有自己的实践。每个法师的实践都不一样,要成为佛法的专家,就必须学习成为合格的法师。

第二,作为大众佛教信仰的指导者,应该知道如何回答大众提出的各种各样的生活问题。

第三,作为正法的延续者,要维护佛法的神圣性。僧伽团体的存在，是佛教存在于世的表现，即所谓住持正法。佛教的神圣性，主要是通过出家法师来表现的。戒律里面有很多规定，这些规定就是要表现佛教的神圣性。

第四，出家法师要有模范作用。西方的社会学家马克斯·韦伯说佛陀是一种"模范性的先知"，指的是佛陀的身教。身教是通过以身作则的方式，无条件地指示出救赎之道，起到榜样的作用。所以依佛陀教法而建立的僧团属于"模范性教团"，因为信众看到了榜样，才会去学习。我们说僧团要实现和合、安乐、清净，必须依六和合而住。在六和合中，"见和同解""戒和同行""利和同均"，是和合的本质；"意和同悦""身和同住""语和无诤"，是和合的表现。

佛法与佛教

"佛法"是以四圣谛为核心，而"佛教"是以三宝为核心，前者范畴狭，后者范畴广。佛法表现了佛教的真理性，是释迦牟尼佛所觉悟的关于解脱的真理，以及后来佛弟子修道的方法和结果；佛教的含义则具有真理性、信仰性、制度性、历史性等特点。

佛教是在历史时空中流传的，各历史阶段有不同的表现方式。而在历史长河中，佛教以各种表现方式得以呈现。

佛教的三大要素、三大层面

从印度到中国，佛教的核心要素始终为佛、法、僧。佛代表佛教的信仰层面；法代表佛教的思想层面；僧代表佛教的制度层面。这三人要素共同构成了佛教的核心。除了核心外，佛教还有与外缘的互动。社会是佛教的第一个外缘，因为信仰是通过社会来体现的。

佛教与社会的关系，第一点，体现为佛教与政治的关系。在印度，宗教可以超越政治，但是佛教传入中国后，即面临与中国政治观念相协调的挑战。在中国佛教史上，这种冲突表现为"沙门敬不敬王者"的争论，就像道安法师所说的，"不依国主，则法事难立"，这休现了佛教在中国特有的政治适应与平衡策略。第二点，体现为佛教与经济的关系，市场经济激励贪欲，而佛教倡导内心清净。许多人因市场与佛教的理念冲突而批评佛教。从依赖供养不生产劳作到生产劳作，中国佛教用了一千年的时间。在市场经济时代，要解决佛教清净修道与贪欲的市场之间的矛盾，需要我们进一步深刻思考和探讨，否则可能也需要几百年才能解决这个矛盾。佛教经济本质的功能主要发挥在哪里呢？就是供养经济，佛教的钱主要源于供养。古代佛教的土地经济，看起来主要表现是土地，实际上还是供养。所以今天的市场经济也是要回到供养经济。佛教与社会的关系第三点体现，就是社会生活，包括生活、习俗、民俗等。第四点体现，是慈善公益。从本质来讲，弘扬佛法是佛教做慈善的目的。第五点体现，也是最外一圈的内容，就是佛教与文化，这是最外壳的东西。这个外壳包含了各种艺术，如雕塑、建筑、音乐、文学、书法等。佛教的文化，是一个整体，要对社会经济产生影响，要影响民众的社会生活，让民众的生活中有佛法。

佛学

传统意义上的"佛学"指阐释佛教经律论三藏、大小乘以及诸宗义理的学问。但是从佛教重解脱的特点来说,佛学包含了实践与理论,是佛教修持者的全部修学内容,即常说的信、解、行、证和戒、定、慧三学等。因此,传统意义上的"佛学"具有"行证的佛学"与"义解的佛学"两方面的意涵。

现代意义上的"佛学"(Buddhology)是关于佛教的知识之探求,即佛学研究(Buddhist Study)。欧洲殖民主义侵入亚洲以后,在东方学的视野下,佛学在比较语言学与历史文献学的基础上,以对梵语、巴利语、汉语、藏语与中亚其他语言的兴趣为起点,以掌握原典文献为首要任务,从而参考现存译本或考古资料进行校勘、翻译、注释与解题等研究工作。到了日本的明治时代（1868—1911），南条文雄与高楠顺次郎至欧洲留学，并将语言学与文献学的方法引介到日本，从而使许多学者纷纷以专研梵语、巴利语、佛教史、印度哲学为业，开始将佛教学视为一门具有现代意义的学科。

传统佛学不仅涵盖了行证的修行实践，即追求证果的修道过程，也包含义解的部分。从《高僧传》与《续高僧传》中，可以看到出家法师是多元化的，每位出家法师都有自己的兴趣爱好，有译经的，有禅定的，有译学的，有诵经的，有唱导的，还有修福的：他们都是高僧。

然而，随着时代的变迁，"佛学"这一概念在现代学术体系中逐渐被界定为对佛教知识的研究与探讨。在大学哲学系中，从本科到博士，佛学课程往往侧重于佛教思想、历史、哲学等方面的知识传授，而非宗教信仰或修行实践。因此，在大学学习佛学，学生获取的主要是关于佛教的知识，而非信仰或修行的体验。在学校里上佛教课，不鼓励学生信仰佛教，也不鼓励学生去修道，只传播知识而不传教。在寺庙里上佛学课，那是另一回事。

学佛

学佛，学的是传统意义上的佛学，以佛教思想作为生命的归宿，学会用佛法的思维对待自己的人生。如何学佛？学佛包括信、解、行、证四个部分。皈依是信仰的根本；正见是理解的根本；愿行是修行的根本；解脱是证果的根本。学佛，就是向佛陀看齐，概括地说，就是做如来使，行如来事，成如来果。做如来使，即做如来的使者，传播如来的法音；行如来事，就是要像佛陀一样去生活；成如来果，就是证佛所证。正如太虚大师说的："学佛者，谓实践修行；而佛学则讲求明确精密之学理。其实学佛与佛学非二，凡学佛必先了解佛学之真理，然后始能贯彻实行。故欲实行学佛，必先究明佛之学理，

佛之学理，尤贵实证。如依佛典固可得其理解，然所求之理解，乃是佛智所实证之境，若仅作为一种研究，则实际上仍未能证得。故讲学应期于实证，期实证则须学佛之所行。"[1]

传统意义上的佛学是信仰和实践的结合，涵盖了对义理的深入探讨，也包含弘法的实践。义学僧们不仅致力于学习佛教的经典文献，更注重对佛教思想的阐释和传播。他们不仅要自己深入理解佛法，还要将其传播给更多人，这就是做如来使的作用。另外，他们还要依所学而行。所以说到这学问之道，包括几个层面：第一，确保材料的可靠，学习大家公认的优质的可靠的文本。第二，追求思想的系统，对佛法形成一个整体的看法。不是说你懂华严就是华严学者，懂天台就是天台学者，而且你也不一定会被看作真正的佛法弘扬者。因为一个人如果对佛法没有整体的看法，那不同体系的佛法就会在他的思想中产生矛盾。所以天台人就会跟华严人争论，禅就会跟净争论，为什么？就因为他对这个思想，没有一种全面的看法。第三，要有全面的判断，一个人思想的系统来源于他对整体的全面判断。判断佛法是什么，要有一个最后的阐释，这个阐释就是现代的阐释，阐释出来让大家接受。

---

[1] 太虚：《佛法总论》，《太虚大师全书》（第1册），宗教文化出版社2005年版，第5页。

学佛

学佛，学的是传统意义上的佛学，以佛教思想作为生命的归宿，学会用佛法的思维对待自己的人生。如何学佛？学佛包括信、解、行、证四个部分。皈依是信仰的根本；正见是理解的根本；愿行是修行的根本；解脱是证果的根本。学佛，就是向佛陀看齐，概括地说，就是做如来使，行如来事，成如来果。做如来使，即做如来的使者，传播如来的法音；行如来事，就是要像佛陀一样去生活；成如来果，就是证佛所证。正如太虚大师说的："学佛者，谓实践修行；而佛学则讲求明确精密之学理。其实学佛与佛学非二，凡学佛必先了解佛学之真理，然后始能贯彻实行。故欲实行学佛，必先究明佛之学理，

佛之学理，尤贵实证。如依佛典固可得其理解，然所求之理解，乃是佛智所实证之境，若仅作为一种研究，则实际上仍未能证得。故讲学应期于实证，期实证则须学佛之所行。"[1]

传统意义上的佛学是信仰和实践的结合，涵盖了对义理的深入探讨，也包含弘法的实践。义学僧们不仅致力于学习佛教的经典文献，更注重对佛教思想的阐释和传播。他们不仅要自己深入理解佛法，还要将其传播给更多人，这就是做如来使的作用。另外，他们还要依所学而行。所以说到这学问之道，包括几个层面：第一，确保材料的可靠，学习大家公认的优质的可靠的文本。第二，追求思想的系统，对佛法形成一个整体的看法。不是说你懂华严就是华严学者，懂天台就是天台学者，而且你也不一定会被看作真正的佛法弘扬者。因为一个人如果对佛法没有整体的看法，那不同体系的佛法就会在他的思想中产生矛盾。所以天台人就会跟华严人争论，禅就会跟净争论，为什么？就因为他对这个思想，没有一种全面的看法。第三，要有全面的判断，一个人思想的系统来源于他对整体的全面判断。判断佛法是什么，要有一个最后的阐释，这个阐释就是现代的阐释，阐释出来让大家接受。

---

[1] 太虚：《佛法总论》，《太虚大师全书》（第1册），宗教文化出版社2005年版，第5页。

总而言之，学佛需要先接触真实的材料、真实的文本，然后形成系统的思想，再对其作出全面的判断，并能够进行现代的阐释。我们如果想做如来使，就更应该这样做。所以对于学佛、佛学的探讨，可以首先问问自己，为什么要读书。这个问题的背后就是看自己对读书有没有热情、有没有理想，如果没有，那就是一个"书虫"；如果有热情、有理想，那就是如来使。学知识，要有热情、有理想，学会反思知识，就能转化成智慧，而这样的知识就是有用的知识，能够对自己有用，对别人有用。有些出家法师，认为自己既然是出家法师就不需要看在家学者的任何书。其实，学术乃天下之公器，他山之石，可以攻玉。别人的东西，都可以成为我们的工具。如何站在巨人的肩膀上？首先就是要去接受和接触巨人，这就是学习的作用。同时，在学习佛法的过程中，要学会佛法的反思的精神，学会一套反思的方法，反思生命、反思人生，而不仅是学会佛法所有的知识。

经：说法与诠释

法与说法

　　佛法、佛教、佛学、学佛这四个概念，对于深入理解"法"的内涵至关重要。在佛法的传承中，"法"源自佛陀在菩提树下的伟大觉悟，随后在恒河两岸的游化中逐渐成形，并由弟子们集结、传承，最终传播至中国。在中国，佛法历经了经典的翻译、经论的阐释以及历代祖师的深入解释，代代相传。佛陀在菩提树下觉悟后，曾有一段时间不愿为众生说法，但受梵王请法，最终开始了其教化众生的使命。佛教的形成，正是基于佛陀的觉悟及其在世间展现的教化。佛陀证入大涅槃，实现自我解脱，是自利；而度化众生，使众生如《金刚经》所说也逐步证入涅槃，则是利他。因此，佛法在世间的教化，就是要实现佛陀的自利与利他的精神，这是佛法的根本。

真理是佛法的内容，法则是佛法的根本，而佛与僧是法的体现者与实践者。佛教中，佛陀既是创教者，也是觉悟者。佛陀亲自体验并示现所有的教义，包括无常。佛陀一生所经历的生老病死，也是无常真理的体现。佛陀能不能不生病？不可以，佛陀一定要生病，因为佛陀讲了无常法，他自己也必须示现这个无常法。阿难尊者觉得自己是佛陀的侍者，又是佛陀的堂弟，自己应该能证果，这是一种执着，也是未能如实观察"法"的体现。在三宝的关系里，佛是自觉证法，是已觉者，僧是后觉者。法，源于佛陀的觉悟，法的流布来源于佛陀的说法。因此，法的流传依赖于其教化形式的展现。

法、圣道与法性

法，可划分为三类：一曰表诠法，二曰存在法，三曰归依法。

表诠法，指通过语言文字能够表达的佛法。我们供养藏经，不仅是恭敬经典，更是恭敬法。教授的佛法称为"法"，关于教诫的佛法称为"律"，结集后律藏，这就是经藏跟律藏的定义。实际上，律也是法，但是属于教诫层面。而经藏的经，是属于教授层面的，二者都是表诠法。实际上，真理远远超出了语言文字所能表达的范畴，所以禅宗通过"不立文字"的精神来破除我们对语言的执着。可是，教法的传承终究离不开表诠法的支撑。若无表诠法，教法无以流传。禅宗虽倡导"不立文字"，但禅宗的语录却汗牛充栋，这说明"不立文字"也不能离开文字。在唯识学的视角下，因果关系的缘起被比喻为种子，并且有"意言境"的理论，即意识会对所缘境进行名言的安立，也就是说种子的真正内容是语言。这里的语言并不仅限于文字，还包括"影象"等，这就是表诠法。

存在法，指具有存在形态的"一切法"。根据《成唯识论》，"法"具有"轨生他解，任持自性"的特性，凡是存在的事物皆有其本身的特性，并且这个特性又能够被人们认识。大乘佛教见道后所证悟的真理，是智如合一，指真理在智慧的意义上才能够显现，也就是《成唯识论》里面讲的凝然真如。我们都知道无常法，但怎样才能够证入这个无常法，就需要智慧的反思，否则对无常是无法理解的。

归依法，指佛弟子所依归的真理。作为修道者，作为佛弟子，所依归的真理可以分为三类。第一类是真谛法，比如四圣谛：苦、集、灭、道；第二类是中道法，佛法的一种修道精神就是中道的精神；第三类是解脱法。《杂阿含经》中释尊指出，正见与正定方为法，邪见与邪定则非法。[①] 归依法与表诠法紧密相连，归依法是表诠法所表诠的内容，经、律、论三藏十二部教表现的就是归依法的内容。因果、空性、缘起，皆是世间万物存在的原理，这些原理便是归依法，它源于存在法，是对存在的概括总结。在尚未证入真理、未获无分别智之前，我们须依靠归依法，通过归投、依靠法，我们才能对存在的原理进行深刻的反思。若无归依法，我们就会被存在所迷惑而陷入无明之中。归依法的存在，是因我们尚未能生起无分别智，故须全然归投、依靠、相信、接受佛所揭示的真理。佛陀言无常，我们便全然接受无常，在存在与现象中体验无常、无我之境。

教与教法

佛教的教法可以划分为能诠与所诠两类。能诠以言教为主，所诠以个人的身心修行为重。

能诠，即教法传达的方式，主要有两种形式：身教和言

---

① 《杂阿含经》中记载释尊说："邪见非法，正见是法，乃至邪定非法，正定是法。"《大正藏》（第2册），第202页下。

教。身教，即以身作则。佛教教团应当是模范型的，通过行为示范来传递教义。身教的所诠就是毗奈耶，戒律。戒律是指导僧团活动的各项制度，可以分为三个层面：第一，戒律关乎日常生活。修道本身就是一种生活方式。戒律的所有规定都与生活息息相关，指导我们如何生活。比如，到底是应该日中一食，过午不食，还是一日三餐？这些都是生活的具体内容。第二，戒律处理的是人际关系。人与佛陀的关系，是神圣与世俗的关系；出家法师与民众之间，是僧俗关系；而对待社会则是政教关系。对僧团内部而言，六和合是处理关系的准则。第三，戒律指导佛教教团如何构建组织，包括如何在组织中生活，以及如何处理组织内外的各种关系等，这些都需要依靠制度来解决。因此，毗奈耶所包含的，是关于各种行为的准则，这就是身教。许多人将戒律理解为一种约束，但实际上，戒律的精神是对自由的追求。因为只有当我们给予他人自由时，我们自己才能获得真正的自由，这才是戒律的真正精神所在。因此，身教与毗奈耶紧密相连，其内涵是对自由精神的追求。

言教，其核心在于诠释法的本质，这里的"法"指教授法。由佛弟子口口相传的受持，称为教授，也称为（狭义的）达摩。佛教的经典首先是言教。经典强调个人的身心修行，与律典有所不同。律典更注重团体和大众的规范，而经典的传承则主要依赖于口口相传的方式。在后代编集的圣典中，教法就被称为法藏，也就是辗转传来的"阿含"。我们探讨无常、无我等概念时，这些概念名言与法之间存在能诠与所诠的关系。在言教中，能诠侧重于语言上的教诲，所诠则聚焦于个体的身心修行，揭示事理的真实谛如。《杂阿含经》说佛弟子"从佛口生，从法化生"[①]，要成为佛弟子就要依法而安住。有人认为学佛是追求身心的宁静，其实这并非佛法的本质，如果只追求身心的宁静，道教或其他法门也能达到。佛法的本质在证入实相，如实地认知、呈现万物的本质。只有证入实相之中，才能拥有真正的宁静。证入实相，从法化生。这个法，就是依法而安顿我们的身心，这就是法与教法的关系。

总之，能诠通过释尊言教的指导和身教的示范，来引领我们修行；所诠则侧重于通过大众的生活行为来展现道德的戒法，以及适应社会的制度。律藏，在《大正藏》的二十二至二十四卷中，详细记录了佛陀的身教示范。这些身教的内容十分具体，例如绕佛应该怎么绕，人多的时候如何绕，人少的时候如何绕。身教的核心在于促进大众的和谐，并具备教化社会的功能。通过这些身教示范，我们得以更深入地理解佛法的实践

---

① ［南朝宋］求那跋陀罗 译：《杂阿含经》，《大正藏》（第 2 册），第 132 页中。

意义。

要理解所诠的法与毗奈耶，就要明白法、律，都是方便的施设，旨在引导我们走向觉悟之路。法和律的关系可以从以下几个方面来理解：第一，团体与个人的关系。律是团体的规范，而法是个人的修行。从组织学角度来看，个人无法脱离团体存在，每个人都属于一定的组织。第二，法与律需要协调一致。律通过构建外部环境，为法的实践提供条件，而法则解决内心的问题。例如，道场的种种制度设定，旨在构建一个有利于修行的外部环境，而这个环境最终要对人的内心产生积极影响。这种影响是共业所感，即所有环境都是由集体行为共同创造的。第三，律是关于事的，法是关于理的，理解事理的关系也是理解法和律的重要前提之一。

佛陀说法的根据

佛陀说法，是依据其本愿，而这份本愿则源于在修行初期（因地里）所培养的菩提心。因果之间，存在对应关系。佛陀在修道的因地里发下的菩提心，最终成就为果地的本愿。因此，我们在因地里的发心至关重要，这将决定我们未来成就什么样的果报。什么是你的未来？当下你所关注的，就是你的未来。

佛陀在因地里由菩提心所熏习形成的本愿，涵盖了大智和大悲两个方面。佛陀的本愿并非空洞无物，而是以智慧和慈悲为依托。相比之下，我们有时会许下一些缺乏内涵的空愿。例如，如果一个法师整天想着吃，早晨、中午、晚上都想着吃什么，那么他就是个饭桶。然而，如果你思考中国佛教如何发展，那么未来你一定能为中国佛教做很多事；如果你每天想中国应该怎么发展，那么未来你很有可能进入政府机构去贡献你的智慧。这些由因地与果地形成的愿力，有智慧与慈悲的内涵在，它们就不是空愿。

佛法是法界等流之法，也是依靠清净智慧所发现的关于宇宙人生的真理。我们有时遇到烦恼，也会发现一些解决问题的方法，但这些方法并不等同于真正的真理。例如在20世纪八九十年代，"厚黑学"一度流行，其核心理念是脸皮要厚，但这实际上只是烦恼的体现，并非真正的智慧。人胸怀坦荡，如实地展现自己的本性，这才是最好的状态，无须过分计较如何说话或如何待人接物。佛法，作为法界等流之法，源于清净的法界，是智慧所证实的真理，它超越了烦恼的纠缠，提供了一种纯净无垢的生活和思考方式。

为什么正法被称为清净法界呢？第一，正法是"善"，是胜义的绝对完善。我们知道世间的善大多是道德上的善，是有对待的。例如，近年来大众讨论的见义勇为问题：看到路边有人摔倒，是否应该去扶？你如果扶了，那位老人很可能会说是你撞的他，又没人能证明，怎么办？这种思量的善，就是善恶对待的善。佛法所呈现的是绝对的善，是远离善恶对待的善，这才是真正的善。简而言之，佛教与儒家的区别在于，儒家讲"推己及人"，其善是有层次的。从对父母的孝、对家庭的亲，到对天下的仁义，是有次第、有秩序的。而佛法的善则超越了这些对待。第二，正法是"净"。正法不受烦恼等杂染的污染，也不是烦恼杂染所能缘起的，因此是清净。社会上流行的"心计学"，即心中有计谋，也叫城府，教人培养城府，这些都是烦恼的表现，很辛苦。第三，正法是"常"，超越时间性，不生不灭，本来如此。佛陀在两千五百年前所发现的真理，对今天的众生依然适用。有人说时代变了，佛法不适应现在的时代，这是错误的看法。众生的根机有所变化，但法的本质不变。第四，正法是"安乐"，没有生老病死，没有忧悲苦恼。总之，正法不可思议，功德不可思议。

佛陀依不同众生的根机而说法，我们应该明确的第一点是，佛陀不可能度尽所有众生。当年在恒河两岸，就有一些人不是佛陀所度的对象。成佛并不是要度尽一切众生，而是度尽一切有缘的众生。第二点，在众生的根机中，佛陀要因机施教。《维摩诘所说经》里讲："佛以一音演说法，众生随类各得解。"[1]所谓"一音"，在后来的教判中被称为"一音教"。关于"一音教"有两种解释：第一种理解是，佛陀用一音说法时，不同的众生根据自己的根机，得到不同的理解，感觉佛陀似乎是在单独对自己说法。这种感受是由众生的根机和佛陀的功德共同作用的结果。第二种理解是，佛陀面对不同根机的众生时，虽然看似用一音说法，实际上在同一时间里，他向不同的众生传达了不同的法。无论采取哪种解释，佛陀能够根据众生不同的根机来说法，都是佛陀的功德，是凡夫难以企及的。

佛陀说法的方式

佛陀说法的方式，有身教和言教，依意、身、口三业说法，以意趣、圣行和圣言度化众生。

意业的意趣有二：一是智慧，能够证得菩提；二是慈悲，能够广度众生。用意业说法时，首先要深入了解众生的根机。

---

[1] ［后秦］鸠摩罗什 译：《维摩诘所说经》，《大正藏》（第14册），第538页上。

如何掌握说法的因缘？如何了解众生的根机？这些都是在意业中设定的。众生的根机各不相同，要了解一个人，首先要知道他的职业背景；其次了解他的家庭背景也至关重要，家庭影响人的身心；再次还要了解他的教育背景，不同的教育程度会塑造不同的思维方式；最后，每个人独特的生活经历也会塑造人的人格。意业说法意味着我们的内心拥有强大的力量。一个人的喜悦，应当源自内心，是最自然、最纯净的情感表达。我们常说的"法喜充满"，正是意业说法所带来的内在喜悦。

身业说法是佛陀通过其"圣行"来教化众生。佛陀在修菩萨道期间的所有行为合称为"圣行"，是佛陀教化世人的直接体现。这些圣行在世间留下的印记，就是化迹。化迹分为事迹和物迹两部分，事迹指的是佛陀的生平故事，即八相成道的过程，记录了佛陀如何一步步走向觉悟；物迹则包括佛陀涅槃后留下的圣物，如佛足影、菩提树、圣地和舍利，这些都是佛陀存在过的直接证据。佛足影是佛陀行走世间的足迹；菩提树见证了佛陀的觉悟；圣地是佛陀传法教化的地方；舍利则是佛陀肉身遗留下来的圣物。这些化迹成为信徒们崇拜和追忆的对象，因为它们不仅证明了佛陀在这个时空的存在，也是佛法传承和佛陀教化精神的有形载体。圣言，即佛陀说法的语言，是佛陀传达教义的方式。儒家以"三不朽"——立功、立德、立言——为普通人提供了超越有限生命、实现生命价值延续的途径。立功，指事功，如修桥、造路、建庙等，这些事业会被人们感激。立德，指品德成为后人的榜样，激励后人。比如《高僧传》中那些高僧，是出家法师的榜样。立言，指人说的话被他人听从、学习。个人的生命终结后，他的功、德、言如果仍然存在于世间，这就是不朽。佛陀的法身常在，也是这个原理。

口业，就是圣言。正如《杂阿含经》所描述的："为世说法，初、中、后善，善义、善味，纯一满净，梵行清白，演说妙法，善哉应见，善哉应往，善应敬事。"[①] 佛法的本质首先体现为"善"，不仅对自身有益，也对他人有益。与之相对的染污法则是自私的，对自身是好的，对别人是不好的。

佛陀的智慧和慈悲，是圣行与圣言的所依，是隐而不外现的，因此意业是隐性的；而圣行和圣言则是显性的，是向外传达给世人的。佛陀在世间留下了三藏十二部经典，以及舍利、菩提树、圣地、佛足影等圣物，这些都是他说法和教化众生的方式。

---

① ［南朝宋］求那跋陀罗 译：《杂阿含经》，《大正藏》（第 2 册），第 12 页下。

佛陀说法的性质

佛陀说法的性质可从三个方面来理解：

第一，清净性。凡夫说法，都带有个人烦恼和偏见。佛陀说法，是如实呈现他所觉悟的真理，没有烦恼的干扰。

第二，如理性。佛陀所说的法，不仅是他所觉悟的，也是他所行的，佛法不是抽象的理论，而是佛陀通过自身修行所证实的实相。

第三，应机性。佛陀说法适应众生的根性和时机，是真正意义上的应机说法。在日常生活中，我们常说要"契理契机"，意思是既要符合正法，又要适应时机，这很不容易，而佛陀不仅做到了这一点，还以清净无染的方式说法，更不容易。

教法结集与经典的形成

前文探讨了佛陀说法的依据、方式及性质,那么,在恒河两岸,佛陀说法是如何被结集传承的呢?佛陀时代无录音录像之便,佛法传承依赖弟子们的记忆力。他们聆听佛陀说法后铭记于心,再通过结集方式流传。历史上,无论是印度佛教还是南传佛教,都经历了大约六次重要的结集。其中,前两次结集的情况可总结如下:

第一次结集

时间:佛灭后第一年夏天

地点:王舍城七叶岩

参与者：大迦叶、阿难、优波离及五百比丘众

内容：

经藏：《杂阿含经》的结集

律藏：《戒经》的编纂

论藏：虽未直接诵出文字经典，但已有师资传授

结果：教义的细微差异，导致上座部和大众部的根本分裂

第二次结集

时间：佛灭后约一百年

地点：毗舍离城

原因："十事非法"的争议，引发了这次结集

参与者：七百人

内容：

经藏：成立四阿含经典体系

律藏：《戒经》的进一步分别解说

论藏：舍利弗的"阿毗昙"和迦旃延的"昆勒"

第一次结集发生在佛陀涅槃后的首个夏天，成果是经藏和律藏的问世。佛陀在世时，教法以师徒相传的方式延续，即师

资相承，依摩呾理迦传承，如五蕴，五蕴为母，色、受、想、行、识为子。为便于记忆，当时仅传授重点。

约公元前一世纪，佛陀教法开始以文字记录，这标志着从口头传承到书面记载的重要转变，教法传承进入快速发展的时代。经典形成过程中，语言问题至关重要，其中也包括翻译问题。历史上佛经所使用的语言有很多种，除了梵语和巴利语外，可能还包括龟兹语、于阗语等西域语言。翻译时，像鸠摩罗什就经常会提到"手持胡语"，胡语就是西域那个区域的语言。因此，经典的形成是从教化、说法、结集到最终形成文字的过程，这个过程就是立教。

佛陀说法立教的理想与法的变迁

佛陀说法立教的理想

《摩诃僧祇律》记载佛陀制戒的"十事利益",最后则是"正法得久住,为诸天人开甘露施门故"[1],这是制戒的理想。《法华经》则以"欲令众生开示悟入佛之知见"为佛陀出世的一大因缘。所以,佛陀说法、立教的理想就是要实现"正法久住",达到"广度众生"的目的。从佛教整体的角度来看,无论是何种形态的佛教,都秉持着"正法久住,广度众生"的崇高理想。小乘佛教注重"正法久住",其修行体系以持戒、修

---

[1] [东晋]佛陀跋陀罗 法显 译:《摩诃僧祇律》,《大正藏》(第22册),第228页下。

定为主,强调个人解脱。而大乘佛教则以"菩萨"为实践主体,致力于广泛救度一切众生,鼓励所有众生共同发愿、同行,以实现共同的成就和解脱。

"广度众生"是"正法久住"的目的,"正法久住"是"广度众生"的前提。正法存在的意义并不是"久住",而是利益众生;反过来说,只有植根于众生心中的"正法"才能"久住",离开众生的"正法"如空中楼阁,一定不能"久住"。

佛弟子在修行道路上,首先须"以戒为师",通过严持净戒来规范自己的行为和思想。这不仅是修行的基础,也是接触和理解正法的前提。其次需要不断闻熏正法,深入思维并修习,以此净化身心,最终亲证正法。同时,僧团的清净和合对于正法的长久传承至关重要。然而,仅仅"以戒为师"是不够的。戒律虽然能规范身心,但要真正安住身心,还须"以法为师"。"以法为师"意味着将戒律与道、定相结合,实现道共戒、定共戒的修行境界。这样,正法不仅在形式上得以维持,更在实质上深入人心,实现其真正的价值和意义。

法的变迁

如何理解法的变迁？从历史主义的角度来看，思想的演变需要放置在历史背景中理解。印顺法师提倡"以佛法来理解佛法"，强调以诸行无常、诸法无我、涅槃寂静为方法论，这表明不同的方法论会导致对佛法的不同理解。佛法的变迁，其核心在于解脱论，即对解脱需求的不同理解和追求。为什么会有小乘佛教和大乘佛教？为什么会出现八宗？就是因为众生解脱的需求。

不同的方法论，理解佛法有不同的结果。从学术上讲，小乘佛教和大乘佛教里面都有如来藏思想。从印顺法师的三系判教来讲，叫性空唯名系中观，然后是真常唯心系如来藏思想，后来到了中国佛教的八宗，我们该从历史主义来讲，把所有的思想变迁放在历史的背景中去理解，那就是中国人跟印度人的区别。比如印顺法师曾经提出"以佛法来理解佛法"，这就是依诸行无常、诸法无我、涅槃寂静作为一个方法论来理解佛法。佛教的思想体系并非仅限于存在论、认识论、语言哲学等，而是以瑜伽行或禅观为中心，将修行者的宗教体验和实践所得的体验进行理论建构与系统性归纳。所有的变迁，实质上是修道者在体验到佛陀开悟的真理后，对其经验进行的系统性总结。这种理解不仅揭示了佛教思想的发展，也反映了修行者对佛法的深刻体验和实践。

内在诠释之道与解脱诠释学

"解脱诠释学"的概念,旨趣在于强调"解脱论"作为佛学研究的最高原则。释迦牟尼佛的悲愿不仅是追求宇宙和人生的真理,更是通过戒律、禅定和正思来实现生命的解脱。佛教作为一种以解脱为目标的宗教,实践是信仰的体现,也是达到解脱不可或缺的部分。

在佛教中,理解大乘佛教的发展,关键在于把握解脱的需求。例如大乘佛教的阿赖耶识和如来藏等概念,都是从心性的变化也就是解脱的需求形成的修道的经验总结而形成的。印顺法师的唯识学和如来藏探源,便是对这些思想根源的深入探讨。佛弟子在修定禅观的过程中,从心理活动与禅定修习来说,一方面,有必要不断追究心理活动的深层次,而且依此虚妄的心,从而逐渐引入阿赖耶识,成立一切唯识的流转与还灭;另一方面,在禅定的修习中,亦不断地观察心理活动,而且出现种种禅定的境界。于是,因为修定便引出了"心性本净"与"唯识所现"的两大思潮。佛教"法"的演变本质上是解脱需求的体现。这种需求推动了佛教教义和实践的不断发展与变化。

依"解脱诠释学",才能正确理解初期大乘佛教的起源,才能梳理阿赖耶识、如来藏思想的不同思想脉络。佛弟子在不同的时节因缘中,因为解脱的信仰需求,采取了不同的解脱方法,佛教思想的发展分化正是缘于解脱理论与实践的需要。

在佛教的"解脱论"中,戒、定、慧三学作为修道解脱的不同方法,受到所有佛教徒的重视与实践。但是,由于修道者的根机、兴趣、爱好不同,对"三学"的重视或爱好各有所偏重。这样,从原始佛教、部派佛教时代起便出现"慧解脱""俱解脱"的差别,而中国佛教的发展亦是对"三学"的不同体现。

中国佛教的发展,特别是隋唐时期的宗派佛教,体现了三学(戒、定、慧)均衡发展的理念。继承南北朝学派佛教思想的隋唐宗派佛教,主要强调慧学,无论是智论师、成实师、毗昙师、地论师、涅槃师还是摄论师，都以讲论为核心，展现了学派思想的深度。中国佛教在南北朝时期，实现了丰富发展，情形类似于春秋时期的"贵族精神"。当时的邺城（今河北邯郸市临漳县）讲寺林立，讲堂接踵而建，显示了当时讲学活动的兴盛。但是，南北朝的学派佛教也有不足之处，戒不足、定不足。

学派佛教的兴起，凸显了中国佛教对慧学的重视。隋唐时期的宗派佛教，既继承了南北朝佛学派系的丰富思想，又在此基础上进行了深刻的反思和补充。于是出现了以戒为中心的律宗、以定为核心的禅宗。此外，净土宗在传统的定学修行，如般舟三昧和观想念佛的基础上，特别强调了持名念佛的实践。天台宗、华严宗等宗派总结继承了南北朝学派佛教的思想体系，是南北朝时期中国佛教重视慧学的倾向的结果。禅宗和净土宗的兴起标志着中国佛教进入了一个新的发展阶段，这一阶段强调实践性、简易性和直接性。这两个宗派简化了传统的修行方法，摒弃了复杂的步骤和层次，使修行变得更加直接和易于操作。从心性上讲，隋唐的宗派思想的心性论经历了从"心性本净"一直到当下"一念无明心"的过程。所以天台宗讲"一念无明法性心"，如来藏讲的是"心性本净"，禅宗也是讲"当下一念"，这就是心性上的变化。在修行方法上，从以前修道的坐禅诵经，到后来的挑柴运水等当下的生活，这也是隋唐宗派佛教的变化。以上变化都属于"三学"的变化。

在时间观上，佛教也经历了从三大阿僧祇劫的菩萨道，到当下的一念的变化。日本佛教无疑大大地推动了这种倾向，从"出家佛教"转向真正的"在家佛教"。日本佛教是直接走向简易化的中国佛教的极端，把中国佛教已经够简单的东西变得更加简单。像中国佛教的净土宗，还有般舟三昧等各种复杂的东西，到了日本净土宗，就变得很简单，就是"阿弥陀佛"四个字。天台宗到了日本，就剩下"南无大乘妙法莲华经"。这就是说，日本佛教将中国佛教的简易化趋势推向了极致。这种种变化背后仍是"三学"的发展，戒、定、慧均衡发展是佛教思想史的一大线索。

南北朝佛教的兴盛，隋唐佛教的辉煌，都与中国佛教重视义解的传统密不可分。而禅宗的发展则为中国佛教注入了新的生命力，禅宗强调对主体的体认，身心的解脱；净土法门的流行则激发了信众的宗教情感，为佛教走入社会提供了方便。但是，我们也应该看到，随着禅、净的流行，在这种"简单""不立文字"的潮流下，中国佛教徒逐渐失去探讨高深佛理、考察烦琐戒律的兴趣，这正如印顺法师所说的"中国佛教的衰落，不仅是空疏简陋，懒于思维，而且是高谈玄理，漠视事实；轻视知识，厌恶论理，陷于笼统混沌的境界"[1]。笼统混沌的境界，指的并不是禅宗和净土宗，而是禅宗和净土宗所产生的流弊，这些负面影响把中国佛教在南北朝、隋唐时期形成的优良传统推向了一个简易化的阶段。于是，中国佛教重视义理研究的优良传统丧失殆尽。

---

[1] 释印顺:《无净之辩》，中华书局2011年版，第152页。

法：存在即痛苦

存在的思考

人生的阶段与问题

　　人跟其他动物最主要的区别在于，人有卓越的思考能力。人在生命的不同阶段，要解决不同的问题。第一个问题，生存。因为我们也是动物，必须生存下来。作为动物，我们的基本需求是生存，意味着温饱是生存的基础。解决温饱问题后，还要面临第二个问题，生活。当今人们感受到的压力日益增加，这主要是因为我们发现自己处于一个充满比较的环境中。我们的生活环境如果仅限于与世隔绝的深山老林，我们的压力可能会小得多，因为比较的对象仅限于山里的那些人。但当我们走出深山，压力就来了，世界上的各种差别相就成了我们的所缘境，所缘境就是压力的来源。解决了生存和生活问题之后，我们又面临第三个问题，生命。如何活得快乐？生活的意义何在？这些关于生命的问题，只有安住于哲学，安住于最究竟的宗教，才能解决。以上三个问题就是人关于存在的思考。

存在的哲学意义

在各大文明体系中，有一个共通且核心的主题，即围绕着存在的三大疑问。首要之问，便是"是什么"。在哲学的语境下，可以阐述为对"being"的探索。"是什么"是哲学思考的首要问题，是形而上学的基石，亚里士多德就关注这个问题。一个人的存在要如何确认，这就涉及存在如何被认知和被理解的问题。比如每个人在不同的场合、面对不同的人，都有多重的身份，可以说是一个复杂的组合体。笛卡儿说，我思故我在。这就是说，我认识到的都是存在，那么那些无法认识的呢？他说：很简单！我不能够认识的，上帝全部能认识到，所以存在没什么问题。由此可见，从"是什么"这个问题可以引申出两个理论：存在论和认识论，也就是如何认识存在，存在如何被感知。第二个问题："意味着什么？"一个存在，在自他对待里必然有自身的意义。法，就是任持自性，那么任持自性就是存在论，轨生他解就是认识论。认识论的深层，是对意义的构建与诠释，这便是价值论的领域。任何存在的当下，都是自他对待的结果，不同的认识就会产生不同的价值和意义。这就触及了第三个关键问题："应当成为什么？"这不但是一个伦理道德的问题，从根本上说，还是一个实践的问题。我们存在于世间，有自身的价值，这个价值最终如何呈现出来？答案是必须通过实践。比如一个出家法师，存在的身份已经确立，法师走到街上会被别人认识，可是认识背后的问题就是，应当成为什么样的法师。以上这三个问题，是任何存在都面临的哲学问题。不同生命个体所呈现出来的意义是不同的，其中最主要的还是人生观的建构问题。个人的同一性深嵌于"我"与"无我"的微妙张力中，这种内在的矛盾，在认知论的领域引发了种种思考与纠结，这也就是身和心的统一问题。

南北朝时期，关于神灭与神不灭的辩论，实质上是对人的存在本质的深刻探讨。这场辩论触及了"我"与"无我"的哲学矛盾，以及身体与心灵、德性与人格等人生观的核心议题。个体的确立，始于对"我"的认同，而"我存在"的意义，则根植于对自我存在的深入反思。从"我"到"我存在"的转变，是对个体存在状态的不断探索和追问。人的存在本身并无固有意义，正如一个茶杯，其意义取决于用途和所处的环境。这表明，我们对存在的命名和定义，并非出于存在本身，而是我们对存在的反思和理解。这种反思的最高形式，是对"人应当成为什么"的追问。这个反思就涉及人的两个问题：第一个就是理想，也就是人应该期望自己成为什么。也有人说，我没有理想。但你即使没理想，也会有想法，有想法就有期望，或者说你的期望里有没有一个最高的反思？如果有反思，那么这就是理想。第二个是人必须去实践，实践就是一个使命，因为任何理想的追寻都是一个承担的过程。如果你没有承担这个理想，那么它是空想。或者说，你就没有经过真正的反思。所以，人之所以需要有理想、有使命，也是从存在论出发的。反过来讲，一个人如果没有理想，就无法存在。

不同文明体系的思考

宗教是对存在本质的深刻反思，在人类文明的多样化体系中展现出不同的形态与内涵。西方的宗教，无论是基督教、天主教、伊斯兰教，核心都聚焦于人神关系的调和。比如基督教讲信者得救，你只要相信了，就能够获得救赎，没有信仰就无法进入人与神的关系里。以信仰作为解决人神关系的最重要手段，这就是基督教。儒家思考的主题，是人跟人的关系，所以重视伦理。人与人的关系，小一点就是家，大一点就是国，再大一点就是天下。儒家的核心就是：齐家、治国、平天下。道家的思想主题，就是人与自然的关系，老子讲"道法自然"，无为而无不为。佛教思考的是人自己的问题，就是身和心的关系，本质上是心。云游是出家人的传统，这个传统里面就包含了对自我的追寻，在一个境界里走向无我。佛教思想认为，存在的真正问题是自己，自己最大的问题就是处理身与心的关系。

不同的文明体系对存在的探讨各有侧重，从不同的视角来审视生命和宇宙。但不同的文明体系既有不同的思考，也有交流、冲突、融合。比如禅宗的挑柴运水无非是道，郁郁黄花无非般若，这背后实际上就是禅宗跟老庄的思想。太虚大师说，中国佛教的特质在于禅，因为禅宗真正把中国文化，尤其是老庄的自然主义思想体现出来。本质上，这些都是对存在的思考，在同一个宇宙中，不同的文明、不同的人有着不同的思考，世界才会如此多元。

宇宙人生的本质与现象

佛教存在论是一种"过程存在论",强调一切存在建构于"过程"与"关系"中,是动态、非主体性的存在。关于存在,有两个问题必须厘清。

第一,存在是过程。世界上没有一种东西叫结果,死是生的结果吗?死亡是生的开始。如果说世间的一切事物都必须有一个结果,当所有结果都完成的时候,就是意义消失的时候。常常有人说,毕业就是失业。为什么?如果你的学习,就是以毕业为目标,那么你毕业的那一天,就是失业的开始,因为学习的意义一下子消失了。如果谈恋爱是为了结婚,结婚的那一天,就是爱情意义消失的时候。以为结婚了,就不需要谈恋爱了，那生活就会变成日常的油盐酱醋，所以，有种说法叫"婚姻是爱情的坟墓"。存在的真谛，在于过程。因此，人生最大的意义，就是寻找一件生生世世都干不完的事，我们活着才是最有意义的。如果将成佛视为修行的终极目标，那是一种误解。成佛之后，仍须广度众生，继续在无限的慈悲与智慧中前行。世间凡事，如果成了目标，当达成目标，此事成为结果的时候，就是意义消失的时候。反过来讲，一切事物存在于过程之中，都是动态的。《周易》里讲，生生不已，正是强调了存在的动态性和连续性。有些人沉迷于算命，但算命只能揭示生命中的一种可能性。生命的真正意义，在于它拥有无限的可能性。

第二，所有的存在都存在于自他依存的关系中，这一点在佛教哲学中被强调为无我，没有一种真正的主体的存在。每个人做事，都会对自己的法有执着。比如，做文字的人对文字是有执着的。可是，应当学会反思：这个文字是我的吗？比如第二天要开会，前一天晚上你就要加班写稿子，好不容易写好了，又被说要修改，很多内容一下子全删除，这就会让人产生苦恼了。可是，我们要学会接受，接受别人要求你做修改，因为大的报告都是集体智慧的结晶。也许在最后呈现的报告里，没有一个字是你曾经写过的，但报告里有你留下的影子，这就是一个非主体的存在。

痛苦的本质

苦的原因：无常、无我

佛说一切皆苦，转化成哲学命题，可以表达为：存在即痛苦。这一命题与"一切皆苦"虽有关联，却蕴含着更深层次的哲学思考。"一切皆苦"是对现象世界的一种价值判断，而"存在蕴含痛苦的本质"这一命题，则进一步将痛苦视为存在本身的价值，而非仅仅附加于存在之上的价值评判。

苦，梵文是 duhkha，翻译过来就是逼迫。逼迫，意指一种相互间的制约与影响状态，它揭示了宇宙间一切事物均处于自我与他者紧密相连的依存网络之中。在此框架下，每一个"自我"的界定与存在，皆不可避免地依赖于其他"他者"的存在与状态。以家庭关系为例，女性怀孕后，基于生理体验就能感受到母亲的角色。男性则不然，其对父亲身份的确认，往往需要等孩子实际降生之后，亲眼看到这一生命的到来才得以实现，父亲的身份与意义也由此而完整。

存在决定心理，不同的存在结构伴随其特有的结构性烦恼，这就是心理体验的根源。老师和学生的关系，就是一种结构性烦恼。比如，我的学生今年26岁，我跟他26年里没有任何因缘，可是我成为他的老师之后，我就有烦恼了，这就是结构性烦恼。又比如，夫妻吵架的根本原因是夫妻关系，正是夫妻关系这一存在形式本身，潜藏着导致争执与痛苦的根源。因此，存在的每一个瞬间都可能伴随着痛苦，因为存在意味着不同个体间的相互依赖与碰撞、障碍与冲突，这就是痛苦。我们在一切关系中产生的烦恼，都是苦苦，都是苦上加苦。

苦的根源在于无常和无我这两个佛教核心概念。世事无常，意味着一切都在不断变化，没有永恒不变的状态。然而，人们内心深处渴望追求永恒和持久，这是人最大的欲望之一。人们不仅追求欲望的满足，还渴望达到一种圆满的状态，这种圆满欲是欲望的扩展和深化。从这个层面上说，成佛的意义就在于把人类最大的欲望实现了，这个实现不但是一个自我的实现，而且是整个宇宙意识的实现。苦的第二个根源是无我。无我意味着没有一个永恒不变的自我实体，一切都是无常和不可控的。生命的不完美和痛苦，以及存在的缺陷，是现实的一部分。世间法都是有缺陷的存在，这跟我们对人的完美的追寻是相悖的。例如，人们渴望不朽，但人类终究不能逃脱生死轮回。从对社会的期待来讲，我们又希望生命是圆满的，所以希望往生到净土去寻求快乐，因为净土是社会改善圆满的体现。为什么说到了净土就是快乐的？因为它满足了人最大的一个欲望。我们前面讲道，欲望被满足的时候就是意义消失的时候，凡夫的欲望只是解决个体生命的欲望，之后，就开始了另外一种痛苦。总之，生命之所以不完美，是因为人非不朽、社会改善永无止境、人非尽善尽美。

三法印，就是诸行无常、诸法无我、涅槃寂静。在《阿含》里面还提到四法印，加上"一切行苦"。无论是三法印还是《阿含经》里讲的四法印，它的成立都是无常故苦，苦故空。从一个序列顺序来讲，就是一切行苦、诸行无常、诸法无我、涅槃寂静。这个序列也说明佛法的重点核心基础是缘起，它的价值意义就是苦、无常、无我。正是因为这样，到了《大智度论》出现的时候，到了大乘佛教的时代，就提出了一实相印，核心仍然是"缘起"这一佛法基石。那么所有法印就包含了依缘起成立苦，依缘起故无常、无我、涅槃寂静。所以无论是三法印、四法印，还是一实相印，都并不矛盾，原因在于缘起法。所以，学习佛法，学会用缘起的思维来理解这个世间，你就会接受这个世间，就会安住当下。学习佛法，实质上是培养一种缘起的思维方式，它促使我们超越个人偏见与烦恼，以更广阔的视角审视世界，接纳并安住于每一个当下。这不仅是知识的积累或文字的解读,更是心灵深处的转变,是对生命本质的深刻洞察。通过缘起思维,我们得以打破时空的局限,超越常规认知框架,实现心灵的自由与解脱。

痛苦的种类

苦的种类,可归结为三大类:苦苦、坏苦与行苦。无常法与无我法的本质就是苦,但是最根本的还是苦苦,世间是苦苦的世间。灭苦不是消除这个苦难的世间,世间是无法消除的。比如学生要听课,听课这个存在是痛苦的存在,但你无法消除。你能消除苦苦,消除苦上苦的那个苦,但不能够消除那个苦本身。只有全然地接受这个世间,才能够安住。坏苦与行苦,都是由无常法和无我法本质的价值判断的,只有苦苦,才是由我们人烦恼情绪的波动导致的。怎么能够快乐一点点?苦苦少一点就快乐了。

从关系上讲,我与身体、我与欲望、我与思想,这些都是苦的来源,属于个体的苦。老子说,"吾之大患,在吾有身",因为身体这个存在就是一种痛苦。我们对身体的执着,也是苦苦。贪、嗔、痴都是欲望的表达方式,我们叫见思惑。思想也是痛苦，拥有一种思想，其实就是拥有一种痛苦。因为当你拥有这个思想的时候，知识本身不是障碍，但你很容易陷入这个知识的障碍中。比如，学会佛法是一个非常好的智慧，可是如果执着这个佛法，没有去透彻圆融地理解佛法，也会痛苦。

在个人的生命里，人与人的关系，就是人际苦。世间的关系无非就是人与人、人与自然、人与社会、人与自身这四大关系。人际，就是自他依存，人不是孤立存在的，即使躲到深山，身在深山也存在苦。深山里有鸟，有其他动物，仍然是人际苦。比如，一个人因为讨厌噪声而走入山里，结果发现，连河里的鱼都在讲话，那这也成了一个烦恼的根源。人际苦的本质在于存在本身，它是无法彻底消除的苦难。那么，我们只能去接受。

佛法讲八苦，其中生、老、病、死是身苦，求不得、爱别离、怨憎会是心苦。身心苦实际上就是五蕴炽盛，五蕴炽盛是色、受、想、行、识不断构造的结果。有求皆苦是心苦，一切皆苦才是根本。佛陀提出"一切皆苦"的观点，并不是鼓励我们逃避痛苦，因为逃避本身也是苦的一种形式，而且往往会导致更多的痛苦。例如，当一个人厌倦了当前的居住环境，想要逃离，却发现无论走到哪里，都会发现新的地方也有其不完美之处。解决生命中的痛苦，关键在于面对和解决自己的问题，而不仅仅是逃避。所有的问题都包含共业——我们与他人共同造成的因果，以及个业——个人自身的因果。在这个世界上，逃避问题只会导致更多的苦难，而勇敢面对问题，才是解决问题的根本途径。

痛苦的价值意义

苦的价值和意义是什么？第一，苦为人生的本质，就是存在即痛苦。快乐其实是痛苦的另外一种显示，因为痛苦是本质的，而苦乐对待的都是苦苦。苦苦里面有一点乐，实际上痛苦是本质。所以世间所有的乐因，就是苦因，久乐必苦，乐少苦多。实际上，最大的快乐是如实显示这个痛苦的世间，不是去制造一个假象跟苦苦对待。学生如果感到听课很痛苦，听课是一个存在，那要实现最大的快乐，就是让自己接受这个痛苦的存在。可是，在这个痛苦的听课里，还是有苦苦，有各种不适应的、不如意的，这就是苦苦的相续。所以，苦谛所揭示的第一个人生意义就是，内在超越和提升生命的自我证明能力。首先要实现人生的内在超越，内在超越就是指，对痛苦的存在、对痛苦的世间要超越，不是越过，越过是指离开。解脱在这里不是字面上的从 A 状态变为非 A 状态，而是一种深刻的内在转变。例如，有人可能认为在家生活是苦的，于是选择出家，希望这样能够解脱。但出家后发现，出家生活同样充满了苦。这种从 A 状态到非 A 状态的转变并没有真正解决问题，因为它没有触及痛苦的内在本质。真正的解脱是通过修行和修道，从内在理解并超越痛苦，而不是简单地从一种生活状态跳到另一种。这种内在的超越是对痛苦深层次的洞察和理解，是对生命更深层次的肯定和提升。通过这种方式，我们可以在痛苦中找到成长和解脱的道路，实现生命的真正意义。

苦谛所揭示的第二个人生意义，在于通过痛苦的世界来增强个体生命的自我证明的能力。鉴于存在的基本性质是痛苦，一个人必须培养强大的内心。你如果认为自己仍可能被他人伤害，这表明你的内心尚未达到足够的坚强。这种坚强不是指外在的无所不能，而是指内心深处的坚韧和力量。通过培养这种内在的力量，我们学会了如何在痛苦中找到意义，如何在逆境中保持自我，并最终实现自我超越。

生命的历程与法则

所有生命的诞生方式大致可分为四种：第一种是胎生，即大多数哺乳动物的出生方式；第二种是卵生，如鸡、鸭、鹅等禽类；第三种是湿生，例如蚊子等生物；第四种是化生，这在佛教中指的是一种非物质形态的转生，如往生净土，或在神话故事《西游记》中，孙悟空能够化身无数，也属于化生的范畴。在当今这个时代，佛法要解释很多现代科学的新发现，比如说克隆、肝细胞复制，乃至生命伦理上的一些问题，比如代理孕母，还有试管婴儿，这些都属于一些新的生命问题。

生命的历程分四个阶段：生有、本有、死有、中有。生有就是出生的那一刹那，本有就是从生到死之间，死有就是死亡的那一刹那，中有就是死亡后奔向另一个生命的过程。所以生命不是一个断灭法，原理在于这个"有"。

生命的四食，就是四个阶段的饮食，就是生以食住。这个"食"就包括段食、触食、思食、识食。

宇宙的时间与空间

宇宙就是人存在的时间和空间，也是无常法。关于宇宙的构成，佛陀讲道，宇宙中一个世界成立、持续、破坏，又转变为另一世界之成立、持续、破坏，其过程可分为成、住、坏、空四个时期，合称为"四劫"。

佛法中经常提到的三界——欲界、色界、无色界，并非指物理空间或客观存在，而是指心理状态的三种主要分类。这意味着，人们会因为不同的心理状态，在不同的时间体验到不同的世界。换句话说，三界的概念实际上源于业报思想，即众生的业力决定了他们所体验的世界。《阿弥陀经》里说，阿弥陀佛的西方极乐世界离我们这么远，我们怎么去那里？不是说用最快的宇宙飞船飞去，而是说，实际上它并不像我们所想象的那么遥远，这就是三界的本质。《大毗婆沙论》里讲，人类有三种殊胜，第一种殊胜是梵行胜，就是说人有道德的追求；第二种殊胜是人有记忆力，所以在所有的生命体里，人类的文明最发达；第三种殊胜就是，人有坚忍，有意志的追寻。这三种特质共同构成了人类在三界中的独特地位。

欲界，即具有淫欲、情欲、色欲、食欲等有情所居之世界。上自第六他化自在天，中包括人界之四大洲，下至无间地狱等二十处；因男女参居，多诸染欲，故称欲界。色界，即色为变碍之义或示现之义，乃远离欲界淫、食二欲而仍具有清净色质等有情所居之世界，共有十八天。无色界，即唯有受、想、行、识四心而无物质之有情所住之世界。此界在色界之上，共有四天（空无边处天、识无边处天、无所有处天、非想非非想处天），又称四无色、四空处。

人类根据自己的思维方式来感知和构建宇宙。在我们的三维空间观念中，天堂自然而然地被认为在头顶之上，而地狱则被想象成在脚下。现在，用最先进的钻头一直打到地核，都找不到一个空间叫地狱，可是你能说没有地狱吗？天堂又在哪里？最善巧的回答就是，天堂在天堂的地方，地狱在地狱的地方。现代物理学的发展已经扩展了人们对空间维度的理解，表明人们所处的空间实际上是思维的构造。例如，蚂蚁被视为生活在二维空间中，它们没有高度的概念，因此无法理解高度。这引发了一个问题：蚂蚁如何看待人类，或者它们能否看到人类？人类作为三维生物，人所有的思维都是按照三个维度去思维。物理学的某些理论甚至提出了十一维空间的概念。这样看来，蚂蚁的世界跟人的世界，这样五趣杂居地生活在一起，可是蚂蚁仍然生活在蚂蚁的世界里，人仍然生活在人的世界里。所以，神就生活在神的世界里，鬼就生活在鬼的世界里。就像不同的众生，比如头顶上的灯，就存在于彼此的光线中，而不会互相障碍，同时又构成一个空间。

世界经历成、住、坏、空的变化。时间不相应行法，在佛教哲学中，时间并非单一线性地流逝，而是一个包含着细微至一刹那到广阔至阿僧祇劫的多维概念。

心：存在与认识

认识与量论

认识论的两大命题

宇宙既是器世间,也是有情世间。有情世间的众生各自拥有不同的认识。因此佛法的认识论提出了两大命题,其中一个关键命题是:众生为何在三界中不断遭受苦难?存在本身伴随着痛苦,而这种痛苦的根源何在?《杂阿含经》里面讲:"众生于无始生死,无明所盖,爱系其颈,长夜轮转,不知苦之本际。"[1] 我们生活在世间,就是由于无明的障碍,被贪爱所束缚,如同被绳索勒紧脖子,长期处于苦难之中而不自知。这种

---

[1] [南朝宋]求那跋陀罗 译:《杂阿含经》,《大正藏》(第2册),第69页下。

状态可以比喻为耍猴人给猴子穿上特别的衣服，告诉它"你是猴王"，猴子便沾沾自喜，开始自以为是地指挥其他猴子。人，就像那个猴子一样，一旦被赋予某种地位或拥有名利的象征，就认为自己与众不同，而忽视了这些外在标志并不能真正定义一个人。

众生的轮回不息，在三界中辗转往复，其根源深植于无明之中。无明，这一概念虽深奥难解，简而言之，即是对构成五蕴——色、受、想、行、识的误解与不明了。老子说：知常曰明。什么是常？大道曰常。宇宙万物的规律就是常。世间万物都是变化的，唯有世间万物都是变化的这个规律是不变的。所以老子说这个"知常"曰"明"，就是知道宇宙万物的规律。在佛法的语境下，无明正是指对这类宇宙根本规律的无知与忽视。有人或许会问，这种无知是否有个起点？佛法回答以"无始"，意味着它并非自某一具体时刻起始，而是跨越了时间的长河，无始无终。众生的首要烦恼，便是对"第一因"的无尽追寻。这源自人类独特的思维模式，倾向于探寻事物背后的终极原因，向下深入成为哲学探索，试图解答存在之根本；向上则升华为宗教信仰，寻求超自然力量的庇护。这种对第一因的执着，正是人类思维固有的局限与烦恼。进而，众生的第二个重大烦恼，是在无明的驱使下，于因缘和合的法则中造作种种行为，从而承受由此带来的苦果。

佛法的认识论中，第二个命题就是如何使众生出离三界、不再轮回？认识的改变就意味着生命的改变。有人说，我不想活了，不想做人。不做人，那做什么好呢？实际上只需要去改变生命的内涵。《杂阿含经》里面讲"不乐无明而生明"[1]，我们叫逆推十二缘起，就是"无明灭则行灭，行灭则识灭。如是乃至生老病死，忧悲苦恼灭，如是纯大苦聚灭"[2]。因此，转变认知框架，成为佛法修行中的关键一环。在唯识学的语境中，这被称为"转依"，即依靠智慧的力量，转变依附于错误认知的生命状态。佛法的精髓，概括而言，就是一个"转"字——转化、转变、转依。修道的终极目标，便是通过不断地自我革新，实现超越。

认识与量论

佛教对认识的表达，出现了一个专门的学问，叫量论，其中包含两个学问。第一个学问是知识论，涉及知识的起源、种

---

[1] ［南朝宋］求那跋陀罗 译:《杂阿含经》,《大正藏》(第2册), 第83页中。
[2] ［南朝宋］求那跋陀罗 译:《杂阿含经》,《大正藏》(第2册), 第83页下。

类、性质，以及彼此之间的关系，也就是我们人类的知识是怎么来的。第二个学问是论理学，就是因明。因明是研究论证的形式和过程，宗、因、喻。有意义的辩论叫作观点论证的有效性，所以因明不是用来辩论一个观点，而是要论证这个观点。所以，平常两个人辩论，互相说对方是诡辩，这种辩论就毫无意义。如果在接受对方观点的前提下，去考察论证对方的观点的过程是否有效，这个学问就是因明。

世界上有三种逻辑学体系，第一种是亚里士多德的形式逻辑学；第二种是印度的因明；第三种是中国墨子的墨辩。中国曾经流传过因明，也有过墨子的墨辩。量论的"量"，包含三大要素：第一，使用"量"来了解对象的人，即"量者"。"量者"不仅指人，最主要的是认识的主体。第二，是凭借"量"而获知的对象，也就是认识的内容，即"所量"。第三，被量知的知识，也就是通过认识最后获得的知识，就是"量果"。任何认识都包含这三大要素，唯识就是见分、相分、自证分。见分就是"量者"，相分就是"所量"，自证分就是"量果"，这就是认识的过程。但是，印度外道的胜论派和正理派，他们主张"量者"是我，就是说能认识的主体是我，"所量"是对象，"量果"是知，而且说"量者"是指我的认识活动在确定"量果"之前的作用过程，就是这个认识结果出现之前的过程叫作认识,而不包括结果。而陈那论师就不承认作为"量者"的我,而认为无论是"量者""所量",还是"量果",都是心识的分别作用。他认为"量者"是识的见分,"所量"是识的相分,"量果"是识的自证分,三者无别,皆是识上所设定的。

佛法里有四种量,就是四种认识。第一种认识,现量,它源自感官与外在环境的直接接触,是最直接、最原始的知识形式。现量是直接通过根与尘的接触,就是感官活动所产生的知识。比如,眼识一刹那的分别是现量,看到一个人,看到这个影像的当下是现量,看到一个杯子的形状的当下是现量,看到一个房子的当下是现量。

第二种认识,比量,即通过逻辑推理获得的知识。印度古代各派哲学,大都承认以这种方式获得的知识最为可靠。逻辑推理确实是人类的一大思维特点,人们绝大部分的思维,都生活在逻辑之中。比如,在心理学中有一个二十一天效应:你不断地坚持做一件事情二十一天,就会把这个行为变成一种习惯。到了第二十二天,你如果不干的话,就会感到很难受。这个比量就是逻辑,是人类的文明发展中非常重要的一部分。清楚的逻辑表达和在逻辑上的追寻,是人类共同的一种沟通,是思维的基础。第三种认识,圣教量,这是指由圣者或宗教权威所传授的知识,被视为信仰与智慧的源泉。在佛教等宗教体系中，圣教量涵盖了佛陀的教诲、菩萨的论著和历代祖师大德的开示。所以，信仰者面对圣教量，是全盘地接受。比如，在佛教从印度传到中国的这个漫长的过程中，人们怎样才能如实地接受这个传承了两千五百多年的教法？一个非常重要的方法就是圣教量的接受。第四种认识，非量，是指错误的逻辑判断和推理。比如，有人看到对面的山头冒烟了，就判断那个山头着火了，其实有时候是天气的缘故，究竟是雾还是烟没搞清楚的时候，推理就有可能是错误的，这就叫作非量。

识与境

境的性质

佛法中的认识论核心在于识与境的关系。识作为认识主体，境作为认识对象，二者的互动构成了从原始佛教到部派佛教，乃至唯识学派的基本议题。唯识学对此有三大理论，第一大理论就是阿赖耶识缘起。这一理论阐释了宇宙和生命的起源以及生命流转的过程，即宇宙和人生的缘起是如何发生的。第二大理论，是唯识影相门。这一理论探讨了识与境之间的相互关系，导致了唯识学派中"有相唯识"与"无相唯识"的区分。第三大理论，是三性三无性。这就是要说明真理跟认识的关系问题，三性三无性是从唯识影相门引发出来的。在这三大理论中，最核心的是识与境的关系。佛法教导我们诸法无我、无常，但我们似乎生活在一个具体而实在的世界中，能够感受到空间、声音和生活的各种体验。我们确实睡着过，又真实地醒来，就如《庄子》里面讲的庄周梦蝶。识与境的关系，就是要来解释这个无常、无我的世间如何成为可能。

"境"指的是心与感官所感知或思考的对象，即六尘——色、声、香、味、触、法。这些感官所接触的对象，以及心所分别的对象，共同构成了我们所说的"境"。在认识过程中，这些外在的境最终转化为识的内容。瑜伽行派认为境作为一种存在，其内容是由识的状态转化而来的。这意味着，我们所感知的境，实际上是由我们的心识状态所塑造和呈现的。这种观点是佛教唯识学派对境的根本判断：识不仅是境存在的依据，也是现象世界的根源。境依赖于识而存在，识是所有现象变化的根本。《大智度论》里面说，鱼视水为家，天人视水为琉璃，饿鬼视水为脓血。那么，水作为一个对象，在不同的识的里面被视为不同的内容。如果从人类中心主义出发，人理解的水是真实的，无论是天人、饿鬼还是鱼，他们都错了。实际上，人类认为的那个水，也是人在心识状态下转化出来的现象。在人们的实际经验中，认识内容绝不仅是事后发生之反思的对象，相反，认识活动与认识内容始终是一个统一体的两个方面。正是因为通过主体的认识活动，才能产生认识的内容，从而完成了认识的活动。

境的类别

唯识学中，境的类别可分为三种：性境、独影境、带质境。《八识规矩颂》里面，认为这三种境分别有两种变相，第一种是因缘变，任由因缘，非由作意筹度，依缘起而变相。其所变现的相分，是实种所生（不与见分同种生起）。前五识、第八识的相分，都是因缘变。实际上，根身和器界形成的这个"我"，是以同一性作为所缘。这个同一性实际上是个假象，这个假象就是《解深密经》里面讲的，瀑流的假象，以为是自我。第二种就是分别变，其变现的相分，不是实种所生，是随着见分种子生起。其所变之境，也就是八识的相分。第六识独散意识（不包括五俱意识）的相分，和第七识的相分，都是分别变。

因缘变所变的相分就是性境，分别变所变的相分就是带质境或者独影境。性境之性是实的意思，《了义灯》里面讲"从实种生,有实体用,能缘之心得彼自相"①,这里的"自相"指的是由因缘条件生成的法,如器世间、五尘等,由此而生的相分境实有不虚,非见分计度分别而生。所证不缪,就是说它的认识是正确的,是现量,这就是性境。性境有两种:一种是世俗性境,就是在凡夫以前的认识,是相分由种子而生,为因缘变;另一种是胜义性境,是根本智亲证真如,没有能所的分别。真理的意义只有在无分别智慧的作用下才能显现出来。当无分别智慧未生起时,所体验到的真理只是一种相似的真理。无分别智慧证得的真理,超越了主能所对待,这就是胜义性境。

独影境,"独"区别于本质,"影"就是影像,即是相分,合而言之,是没有本质的相分。例如,在梦境中所经历的一切,都是心识所变现的独影境,无论梦境如何变化,它们都不具有独立存在的本质。还有打妄想,也属于独影境,所有的相分境都是由见分计度分别而起。外在没有任何的所缘缘,这就是独影境,所以才会导致散乱意识。

带质境,就是《八识规矩颂》里面讲的"带质通情本",相分无自种生,由见分计度分别而起,但有疏所缘缘为助缘。

---

① [唐]慧沼:《成唯识论了义灯》,《大正藏》(第43册),第678页上。

比如，说第七识缘第八识的见分为我。再比如，你看到草绳以为是蛇，草绳就是疏所缘缘，而蛇就是带质境。所以，作为虚妄分别的"识"毕竟是缘起法，这是一种存在的状态。同时，虚妄分别显现为"二取"，是一种认识的状态。这就是说，"识"是一个虚妄的分别，然后再产生认识，就是能取和所取。可是，当瑜伽行者深刻观照识的内部结构，发现唯有建构识的内部活动——识转变，才能更好成立"二取"。无论是种子与现行法之间的互熏，还是种子的刹那相续，无不处于"转变"状态之中；这样世亲将整个唯识学建立在一个"识转变"的核心上。于是，在认识活动方面，发生从"虚妄分别的显现"到"虚妄分别的转变"的转向，由此才能够从一个"无相唯识"发展到"有相唯识"。

存在、语言与真理

名言种子：表义、显境

  语言与存在是真理的两翼。真理既根植于存在的土壤，又需借由语言的桥梁表达与理解，这就涉及人的认识的转变与提升的问题。学习佛法，就是要学会以佛法的思维去转变我们的生命，如果一个人的思维模式未能发生转变，那么他与佛法的真谛就相去甚远。我们所感知的世界充满了语言的描述和存在的实体，如爱、恨、哭泣、欢笑、来去等，这些都是我们在日常生活中的具体表相。那么，在这些表相的背后，这个世界还剩下什么？就中国道家文化而言，因和缘的问题最后就是一横还是两横的问题，也就是六十四卦。所以，《周易》的思维是中国文化一种本体论或者宇宙论的根本性思维，就是道生一，一生二，二生三，三生万物。现在很多人迷信算命，比如梅花易数是用数字算，西方还流行星座数字，数字是一种表达的方式，从佛法上讲，这个世界最后就只剩下一堆语言和数字——一堆符号。

名言种子为引生一切诸法的亲因缘种子，是一切种子的根本形态，分为表义名言和显境名言两种。表义名言，指能诠义之音声，亦指诠解诸法的名、句、文，唯第六识能缘之，且随其名言似五蕴、三性法等，而熏成种子。显境名言，指能了境之心、心所法，亦指前七识之见分等心。此见分等实非名言，但如言说之名显所诠之法。此心、心所能显所了之境，故亦称为名言。随此二名言而熏成的种子，即称名言种子。最终，这些种子可以分为语言系统和境象系统，表现为脑海中浮现的各种境象或是一堆语言。无论是境象还是语言，都是一种符号，是世界的本质，这就是"名言种子"。

语言与真理的关系

真理要通过语言去表达，所以才会有三藏十二部。禅宗讲不立文字亦不离文字，仍然是真理离不开语言的表达。但是真理和语言有三种关系：第一种，真理超越一切言语所能触及的范畴，恰如佛教常说的"不可说"。此"不可说"之境，正是真理最本真的存在状态，它超越了逻辑与概念的束缚，是任何语言都无法完全捕捉的。同时，"离四句绝百非"亦是此意的另一种表达，强调真理的超越性与不可言说性。第二种，存在一类能够直接指向真理本质的言说，我们称之为"了义说"。如"空""真如""无常""无我"等，这些言说共相接近于真理。人类虽能无限接近真理，但终究无法完全把握其本质。那么，只有在佛这个层次上才能实现了。了义说依据圣教量而宣说，是修行者探索真理的重要途径。第三种，佛法在传播过程中，为了适应不同众生的根性与需求，往往采用种种方便说法。这些说法虽非直接揭示真理本身，却能在不同情境下引导众生向善向道。你见到不同根机的人，就要跟他讲不同的话。比如，有的人生活压力很大，你要跟他讲怎么化解压力，这些都属于方便说。所以，在语言和真理的关系里，这三种关系是根本。我们在弘法的过程中，就要掌握这三个层次的语言。对于"不可说"的真理，虽无法直接证得，但信仰的力量使我们坚信其存在。信仰作为人类精神世界的基石，不仅确认了宇宙万物真理的存在，更赋予了人们探索生命意义与价值的勇气与动力，所以才能在了义说的层面上，通过学习、思维、闻思修，深入三摩地之境。

唯识的三性说

唯识学中的三性就是对于语言和真理的关系的讨论。第一种，叫遍计所执性。《解深密经》里讲："谓一切法，名假安立，自性差别，乃至为令随起言说。"① 世间的万物，种种语言的安立都是依众生的语言而安立的。乃至于我们讲这个空间叫卧佛殿，是因为有一尊卧佛，实际上是不同的语言安立。所以，遍计所执性是指万物假名安立，而假名安立是依自性差别而安立。就是说，根据万物不同的特性去安立，每一个假名的背后都蕴含着与周围世界的特定关系。第二种，叫依他起性，《解深密经》里讲："一切法缘生自性，则此有故彼有，此生故彼生。谓无明缘行，乃至招集纯大苦蕴。"② 就是说依缘起万物存在。万物都依赖于他者。第三种，圆成实性，《解深密经》里讲，"谓一切法平等真如"③，真如是圆成实性，它揭示了宇宙万

---

① ［唐］玄奘 译:《解深密经》,《大正藏》（第16册），第693页上。
② 同上。
③ 同上。

物存在的本质——空性。

在遍计所执性里面,有语言的问题,也有分别的问题。依他起性,本身就是一个虚妄分别。当然,唯识古学和唯识今学相比,在依他起性上有不同的看法。比如,唯识古学依他起性本身就是虚妄分别。所以,遍计所执性跟依他起性是一体的。这些都说明语言、认识、存在、真理这四个问题,在唯识里通过三性的关系去表达。中观学派则倾向于使用"假名"这一概念来表达语言与事物的分离。假名指的是基于自性差别而安立的名称,这些名称并不直接等同于它们所指代的事物。例如,一个剃光头、穿袈裟的人可能被称为出家法师,但这并不意味着所有剃光头的人都具有出家法师的实质。同样,监狱中的囚犯虽然剃光头,但他们并不是出家法师。假名的概念揭示了名称和事物之间的分离,以及名称作为共相的本质。

中观学派的假名

Prajbaptisat(假名有),对中观学派来说,是观看经验世界的真实方式,它本身和"空"相关联,表明经验世界中的一切现象都是依赖于语言和概念的构建。对于中观学派而言,

"假名有"揭示了经验世界的真实本质,即所有现象都是通过语言和概念来定义和理解的。在这个意义上,语言成了经验世界中最核心的活动,所以假名有是指世界的本质就是语言的存在。

可是在唯识的名言里,有表义名言,还有显境名言。所以唯识和中观相比,除了假名有之外,唯识还有显境,还有影像。所以在存在的分析里,我们可以看到,中观和唯识是有区别的。中观学派强调,尽管经验世界是由假名构成的,但这并不意味着人们可以忽视或破坏这些假名。比如,在这个世间生活,我提倡"淑世主义","淑"就是不能狂狷,因为你在世间生存,世间是个公共平台,在这个公共平台上,就必须按照公共的规则去生活。比如一个大学生写毕业论文,不要求他能达到多高的水平,但是至少是篇完整的论文。首先是一篇完整的论文,才能够判断这篇论文是好还是不好,这就是形式的重要性。比如要求一位大学老师,必须发表多少篇文章、要教多少课时的课,那他就必须去遵守,这些都是不破坏世间的假名。

禅宗的指称与非指称

存在与真理的关系中最主要的就是两个词：指称和非指称。指称，是所指与能指的问题，任何语言都有指向的对象，我如果说"给我拿个茶杯来"，要是桌上有好多杯子，你就会迟疑半天，不知道到底拿哪一个。而禅宗对语言的使用常常在追求非指称，禅宗的公案就是使表面意义的语言失去它自身的指称，这就叫非指称。以一个小故事为例。有一天苏东坡跟他的妹夫秦少游在酒馆里喝酒，看见有个乞丐过来。乞丐身上有很多虱子，他俩就开始争论虱子是从乞丐的身上长出来的还是从衣服里面长出来的，争来争去没有结论，他俩就去找佛印禅师判断。苏东坡和秦少游都很狡猾，他俩都跟佛印禅师说你要判我赢我就会供养你。结果佛印禅师说，你们两个都赢了。因为虱子的头是从身上长出来的，虱子的尾巴是从衣服里面长出来的。我们在争论这些虱子到底是从哪里长出来的时候，这就是一个指称、一个分别的问题。当有人问赵州禅师什么是"祖师西来意"时，赵州回答"喝茶去"。这里的"喝茶去"并不是要求我们去思考"喝茶"与"祖师西来意"之间的逻辑联系，而是一种打破语言执着的方式。它提醒人们，语言和概念的界限不应该成为人们理解真理的障碍。赵州禅师回答"喝茶去"的第一个作用是打破人们对语言的依赖和执着。在禅宗看来,任何形式的问答都可能引发更多的分别和疑问。

禅宗的语言特色首先体现在它对指称性语言的超越。在禅宗中,当被问及深奥的问题,如什么是"祖师西来意"时,禅师可能会回答"喝茶去"、"洗碗去"或"吃饭去"。这些回答看似与问题无关,但实际上它们打破了对问题字面意义的执着,引导人们断除分别。在断除分别之后,又产生了新的语言的意义,这是最主要的。从一个问答变成一个意义的重新解读,这就是禅宗公案的本质。所以读禅宗公案,把《碧岩录》《指月录》读了无数遍,我们会发现实际上它们是按照这么一个模式去表达的,就是禅宗在说明语言、存在、真理的层面上用了两个方法:非指称的方法和重新呈现的方法。很多人提问题的时候,有时候都是一种分别。所以,佛曰不可说,也是一个很好的回答。

公案和话头,一方面,在觉悟之前,确是在引发诡论或疑惑;另一方面,到了觉悟阶段,诡论或疑惑即可视之为求取证悟的工具。在彻悟之后,禅宗的诡论或疑惑就显现出其意义与价值,它是表诠行者对最终真理之体悟的最自然的方式。有一则禅宗故事,讲述了一位修行者在老禅师的指导下修禅多年。有一天,他向老禅师告假说,"师父啊,我要离开了"。师父就问他："你为什么要离开呀？"他说："我在您座下待了三年，您从没为我说法。"师父就说："你端饭给我吃的时候，我就接过来了，你端茶给我喝的时候，我就拿过来喝了，这不是说法吗？"这个故事就展现了禅宗对语言的观点，即真理是超出名言的。

二谛

二谛是佛教哲学中的一个重要概念，包括世俗谛和第一义谛。世俗谛是指世间的道理，就是普通人所认为的真理。第一义谛就是指出世间的道理，胜义谛是圣人所阐释的真理。二谛究竟是真理还是语言？在南北朝时期，这是一个争论的核心。比如南北朝时期的昭明太子，曾经召集了二十多个人去辩论二谛，后来就留下一些文章，比如《二谛义》，收录在《广弘明集》里。吉藏大师的《二谛章》也是理解二谛的重要文献。在三论宗的体系中，二谛被看作唯是教门，不关境理。就是说，二谛只是一个言教，就是一个表诠法，不是一个真理，也不是一个无分别智的境。那么，这个教法怎么才能够区分出来呢？吉藏大师的区分是：第一个叫"于谛"，涉及根机是普通人还是圣人，这是所依的不同，就是依什么而说法。真理会根据不同的对象而有所不同。例如，针对普通人所说的真理就是世俗谛，针对圣人所说的则是第一义谛。这种区分体现了说法所依据的不同根基。第二个叫"教谛"，是所说法的不同，就是真理的不同。学习佛法要掌握二谛，《中论》里讲，佛陀常常依据二谛来说法，以适应不同根机的众生。从原始佛教到部派佛教，再到大乘佛教，二谛的概念不断发展和深化。在中国佛教中，吉藏大师和窥基大师进一步发展了二谛的理论，提出了四重二谛的概念。

缘起：业力与因果

缘起的"此缘性"与"相依性"

佛法的基本观念，如缘起、业力、因果、无常、无我等，构成了其思想体系的框架。其中，缘起是第一序列，缘起是佛法的基石。佛陀在菩提树下觉悟的内容首先是关于缘起，缘起是最根本的、最核心的问题。缘起论是佛法区别于婆罗门教等其他印度宗教哲学的关键教义。业力、轮回、因果、无常，这些都是依缘起而成立的，这些概念在六师外道、在婆罗门教中就有体现，但在佛教中，它们是基于缘起这一核心概念来进一步阐释的。缘起是直接解释宇宙人生的规律，依缘起才能够成立业力、因果、无常、无我。

在印度，无论是六师外道还是婆罗门教，对生命起源的探讨大约有三个类别：第一类，宿命说，认为现世的苦、乐完全由前生决定。比如找算命先生算八字，就是宿命论。第二类，神意说，认为现世存在的根源来自大自在天或梵天。比如西方的基督教，就是神意说。第三类，无因无缘说，就是从根本上反对人生有因果关系，就是偶然论，苦、乐的遭遇全出于偶然，不可问其理由。

缘起可以分为两个层面：缘起法和此缘性，这是两个不同的梵文。缘起法指的是事物的生成过程，即一切现象都是由特定的条件相互作用而产生的。而此缘性则是指事物之间相互依存和相互影响的关系。马胜比丘的《缘起偈》说："诸法从缘生，缘谢法即灭。我师大沙门，常作如是说。"这句偈语阐明了万物的生灭都依赖于因缘条件的存在与否。当这些条件聚集时，事物便产生；条件消散时，事物也随之消失，这叫因缘。这个因缘，第一，有因，就是主因；第二，有缘，就是助缘。比如讲课，有讲课的老师，有听课的听众，这就是因。缘，就是有讲课的空间、有灯光、有各种条件，这些都是助缘。而且，助缘必须按照一定的关系组合，这种关系组合实际上说明了事物跟事物之间的此缘性。总之，事物与事物之间关系的规律是此缘性，而事物就叫作缘起法。所以才能称为因缘和合而生。

缘起法的最早含义是生命流转

我们经常说无明、行、识、名色、六入、触、受、爱、取、有、生、老死等十二支，但在《阿含经》里面基本上没有固定的十二支，有时候是九支，有时候是十支，还有时候是十一支。非常固定的十二支的表达，是到了部派才出现的。比如《识身足论》里，在舍利弗《阿毗昙》里才出现完整的十二支。佛陀的教法跟《论语》是一样的，也是集合起来的。佛陀在一次讲法时，讲了几支，在另外一个场合，又说到几支。后来，佛弟子将其慢慢集中成为固定的十二支，叫十二缘起。十二缘起是佛陀说法的内容，不是佛陀一次性把十二缘起完全说完。实际上，十二缘起除了要解释生命流转的生命现象，还要解释生命的规律。此缘性就是生命的规律，缘生法就是生命的现象，这就是十二支里要突显的内容。

无明、行、识、名色、六处、触、受、爱、取、有、生、老死等十二因缘，每一支都属于缘起法，是由缘所生的法。有情数缘起系列相邻两支之关系是此缘性。所以，二者是有区别的。要注意这两个名词的辨析：缘起，就是此缘性，翻译成缘起；缘起法，是指法依缘起。所以，诸法从缘生，缘谢法即火，从缘生就是缘起。实际上，缘起最早的定义主要是指生，用来解释生命的流转。佛陀在菩提树下觉悟的核心内容,就是思考生命流转的缘和这里面的规律。而如何解脱,是佛陀觉悟的根本内容。

在部派佛教里,《俱舍论》提出三世两重因果。无明缘行,是过去世的因;识,是过去世的果。识、名色、六入、爱、取、有,是现在世的因。生、老死,是过去世的果。从三世二重因果来看,无明与爱、取分别是过去与现在的烦恼,也是招感现在的身于未来再生之苦的根源。众生因惑,借由身、口、意三业造作种种业,这些业产生影响力而成业力,且积聚成业因,而后招感果报。惑、业、苦的循循相续构成宇宙世间,说明万法何以生起与种种差异性,这就是苦、集谛所彰显的迷妄世界。

十二缘起揭示了生命流转的因果链,它始于无明,但佛法并不认为存在一个时间上的起点。佛法中的生命观认为,烦恼是无始以来就存在的,即"当下即无始"。这种观点超越了线性时间观念,即过去、现在、未来的三世交替。进化论充分体现了人类这种线性思维。按照进化论的观点,人是猿变的,那猿是怎么来的?再往前推就是细胞,双细胞到单细胞,那单细胞是怎么来的?最后没办法解释,就说因为一次宇宙大爆炸,细胞从无机物变成有机物,如此进化而来。所以,《西游记》

里说孙悟空是从石头里蹦出来的,绝对符合进化论了。在时间观上,人是无法突破思维的,只有佛陀的智慧,才能够突破。佛法中的无明并不是要人们去追溯生命在时间上的起点,而是要人们理解生命流转的原因,即烦恼的根源。生命的流转不是简单的线性过程,而是复杂的因果循环。

识,就是投胎识。投胎识,是说明生命在一刹那如何从过去进入现在。弗洛伊德有个理论,叫作俄狄浦斯情结,说男孩跟母亲有天生的感情,偏爱于母亲。其实在《佛说胞胎经》里也说道,就是当中阴身看到父母的夫妻生活,对父亲生起执着,就生为女儿;对母亲生起执着,就生为儿子。这就叫第一念的执着,这个就在投胎识里面。如果是三世两重因果的话,就是无明缘行,就是过去世的一重因果。现在世就由投胎识,开始有胚胎的发育,胚胎发育的阶段就是名色阶段。名,是精神;色,是物质。按照佛法的理论,从受精卵开始,就有生命了。天主教也主张,只要是受精卵,就有生命。佛法讲,只要投胎一进入名色阶段,那就是一个生命的开始。这是佛法特有的生命观。随着胚胎的发育,逐渐开始有六根,也就是六入的阶段。胚胎在母亲的子宫里,慢慢地开始成长六根,他有感觉,有高兴、不高兴的情绪,这些都在六入阶段。随后,就是触、受、爱、取、有。触,是接触;受,就是由接触会产生感受；由感受会产生贪恋；由贪恋会有执着；有执着，就会产生业，业就是有。所以，识这个阶段就是生有这个阶段，从识到生、老死，就是本有阶段。从死到生就是中有，中有的下个阶段，又是生有，这就构成生命的轮回，这就是整个十二缘起的内容。

《俱舍论》把十二缘起分成四类：第一类，刹那缘起，就是依一刹那而成立十二缘起，生命在一刹那成立。第二类，连续缘起说明了十二缘起之间的关系，无明缘行，行缘识，这是彼此互为障碍的过程。第三类，分位缘起就是依人的一生去解释十二缘起，六入跟名色是一个胚胎的阶段；两三岁，是触的阶段；两三岁到十四五岁，是受的阶段；十四五岁以后，人由于欲望执着，有爱，然后有取。第四类，远续缘起，是指生生世世轮回的原理，依十二缘起而轮回，这就是生有、本有、死有、中有这四大有阶段。

缘起的依存性

佛陀在菩提树下觉悟出的十二缘起，主要是为了阐释生命的循环流转，而非直接解释万物的普遍规律。然而，在深入理解十二缘起的过程中，人们自然会用这一概念去理解万物的相互依存性。流转是缘起的核心要义，而依存性则是流转所衍生的结果。到了中观时代，清辩、月称、佛护等人争论到底什么是缘起，就是在争论什么才是佛陀说缘起法的根本。佛教中有一个缘起偈："此有故彼有，此生故彼生，此无故彼无，此灭故彼灭。"[①]这讲的就是此跟彼的关系。其中依的就是"有"，梵文就是 hoti，翻译成英文就是 become。中文有时候是解释不清楚其中的含义的，意义的模糊性太大。在英文里，"有"不是 being，不是一个存在，是 becoming，就是转成和生成的意思。这个"有"不是自发的存在，而是在特定条件下的转变。它不是一个静态的存在物，而是描述了存在是如何通过条件的聚合转变而来的。比如，讲课是一个存在，你去思考讲课是怎么来的，就是"此有故彼有"。你去思考，才是这个"有"的含义，所以"此有故彼有，此生故彼生"，重视的是一个有条件的转变。

老子哲学中的"反者，道之动"，揭示了宇宙万物的循环往复，从盛转衰，再由衰到盛的自然规律。佛法中的缘起概念与之相呼应，强调万物的相互依存和条件性转变。这种依存性

---

① 云庵 译:《相应部经典》,《汉译南传大藏经》(第14册)，第77页上。

表明，万物的存在是相对的，如老师与学生的关系，没有学生就没有老师的概念。因果关系是缘起的核心，包含三个逻辑原则：第一，果由因生，表明结果必有其原因；第二，因待果立，说明原因的存在依赖于结果的产生；第三，因前果后、因灭果生，显示因果关系的连续性和相继性。佛法从缘起论推导出来的是因果，而因果是佛法最大的道德教化的原则。我们如果说一个人没有道德，是因为他不相信这个世间有真理，他认为自己就是真理。这个时代的很多人都有这个问题，他们不去接受因果观念，那么道德的威慑力就没有了。从以上就能够推导出，因果相待而有，因果同时确立。因前果后，这就说明因果是异时的，但因果也是同时的，就是因果的成立是同时的，它的转变是异时的。

  缘起法可以从三个角度理解：第一，依存性，一切存在都相互依赖，没有任何存在能够独立于他人或他物；第二，无常性，意味着所有现象都在持续变化之中，因果关系不断演进，旧因成为新果，不断转变；第三，无自性，强调万物缺乏固有不变的实质，一切现象都是条件聚合的产物。所以，理解事物要依缘起而思维，掌握事物的规律。任何当下，我们都要不断地去观察事物的规律，这是一种智慧的观察，叫如实观。如实观，就是如实地观察事物的缘起，观察事物之间的依存关系，观察事物的无常、无自性。

缘起在伦理层面上的意义,核心在于通过理解生死流转的法则来建立通向解脱的道路,而解脱正是佛法追求的终极目标。佛法之所以将缘起论视为其核心,是因为它的终极指向是引导众生走向解脱。实现解脱的起点,在于对生死流转的深刻洞察。生死流转的规律,是整个缘起论的核心。

业力的原理与意义

业的本质

业力，梵文是 karma，它不是由佛陀创造的，而是印度哲学中一个古老的概念，早在佛陀之前就在《吠陀》《奥义书》中有所体现。在解释生命流转的过程中，缘起的概念揭示了业力作为其背后的推动力。业力，首先是对生命流转规律的一种表达方式，解释生命的流转必须通过业力。业力是由身心的活动而留有力用，如同"经验的反应"或"生活的痕迹"，在个体的行为和意识中留下印记，并以此形成一种影响力。依叔本华的《作为意志和表象的世界》所述，业力是驱使、创造和毁灭一切有情众生及其世界的原动力。此动力之因是"无明"和

"行"，是先天的盲目活动欲，或盲目冲动欲。

业力说的社会价值

业力是佛法中描述生命动力和道德责任的概念，它揭示了生命流转的深层机制。业力作为一种生命的力量，推动着个体经历生生世世的变迁；而作为生命的财富，它通过个体的行为不断积累，形成记忆，体现为经验的痕迹。佛陀提出业力说，旨在批判当时盛行的种姓制度。以下从五个方面来说明种姓制度的不合理。第一，业力说主张自力而非他力。每个人的生命和境遇都是自己行为的结果，而非外力或神的赐予。这与其他宗教中常见的神赐观念形成对比，如基督教中上帝创造万物和人的原罪概念。基督教说宇宙是上帝创造的，人的原罪是由亚当夏娃而来。就是人有原罪，也是来源于神。而你要上升到天堂，也必须获得神的恩，这就是基督教的特点。佛法讲一切都是自力创造而非他力，比如说净土宗，讲他力往生，而这个他力，本质上是自他不二的他力。之所以能够往生，是因为自力，如果说完全依靠他力，那就不是佛法的表达方式。第二，有命运而非宿命。命运是因果律下的连续性，意味着现在的生活是过去行为的结果,但个体仍拥有通过当前努力改变未来的力量。这种观点提倡改变的可能性,与宿命论的僵化相对立。第三,平等公正而非特殊。众生在业力面前都是平等的,真正的平等来自个体对自己行为的负责。这种平等超越了法律裁决的局限,因为它基于每个人对自己生命完全的主权。第四,前途光明而非绝望。生命是光明的,就是因为人的未来可以改变,而不是只有绝望。第五,善恶有报而非怀疑。也会有人说,"我没有看到报啊,贪官贪得一塌糊涂,照样生活得这么好"。从佛法上讲,比如,慧远大师后来讲三报论,就是由过去世的业,现在报。然后还有生报、现报、来报,生报就是现在世的东西。过去世的,现在世有报,现在世造作,未来世报。这仍然是个报应系统。很多时候,我们之所以怀疑,正是因为我们的智慧无法了知这个报应系统。

业力、佛力与自由意志

业力,有几个方面的问题我们必须予以重视。

第一,业力与自由意志紧密相关。自由意志指的是个体在生命中所具有的一定程度的自主性和控制力。虽然不存在完全的自由意志——完全不受限制的为所欲为,但相对的自由意志是存在的。这种自由体现在意志能够转变环境,即"境随心转"。然而,定业的存在,即某些业力与果报之间不可改变的联系,对自由意志施加了限制。共业,或集体的业力,也与个体的自由意志形成张力。从佛法角度讲,历史的形成就是共业所感。那么在个体生命的自由意志和共业之间,个体生命到底能够发挥多大作用,这是一个问题。

第二,业力与"法尔如是"。业,意味着中间有转变、有变化,可是事物之间,佛陀也常说"法尔如是"。老子讲"道法自然",是指事物变化有它自身的规律,你只要按照这个规律去做,就是道法自然。老子也讲"知常曰明",知常,就是知道万物变化的规律,就是智慧。什么是自然?就是自然而然,这就和缘起法形成对立关系。缘起法也说明事物的变化有它内在的规律,而这个内在的规律也具有必然性,这个必然性也是一定的自然。

南北朝时期,佛教与道教之间展开了激烈的辩论,这些辩论不仅触及文化身份的"夷夏之争"——佛教作为外来宗教与本土道教的对立,还深入到伦理道德层面,特别是关于"孝"的探讨。在思想维度上,这些辩论实质上围绕着"因缘"与"自然"两大观念展开。从南北朝到唐代,佛教与道教一直都在争论。"因缘"与"自然"的辩论，不仅是佛教与道教各自教义的核心体现，也是两种不同世界观和方法论的直接碰撞。

第三，业力和神力的辩论。业力作为佛教中决定个人命运与轮回的关键因素，强调了个体行为对自身及他人产生的深远影响；神力，在某些宗教体系中则被视为超越自然法则、能够直接干预现实的力量。这种辩论，实质上是对生命自由意志与外在决定因素之间关系的深刻反思。

佛法中的佛力与业力有什么关系？本质上，佛力也是业力的另外一种表达方式，就是自他不二。从信仰上讲，佛力是业力的增上缘。在宗教学里，叫粘连原则。什么叫粘连？就是你靠近一个神圣的东西，那个气就吸收了。如果天天接触神圣的东西，那么自然就有神圣的气氛，佛力就转变成业力。业力与自由意志在本质上就是业力与愿力的问题。业力是生命自身的限制力，人要突破这个限制力，就必须从生命自身生起愿力，才能突破业力。愿力有多大，就能突破多大业力，二者之间形成一种张力。这种张力，正如拉弓射箭时所展现的力量对比一样，愿力越大，突破业力的力量也就越强。当然，也看人的愿力是什么。这个世间没有任何事情是不可能的，只要敢想、敢去做，就会实现。通常是因为人接受这个业力，他才会变成颓废主义者，觉得生命有无数的限制。

因果与业感

业的种类

业的种类，从造业的主体来讲，可以分为身、口、意三业，又可进一步分为表业和无表业。表业，就是令他人表知的业，人所有的业，都能够令他人感知。不能令人表知的业，就是无表业。简单来讲，身业和口业，都包含表业和无表业，就是言谈举止都被人知晓。意业，都是无表业，就是说他人的内心世界是很难被人知道的。业的第三种分类是定业与不定业。定业是由个体故意造作且必将产生果报的业，其力量强大，不可转变。

业的第四种分类是共业和不共业。每个人的生命都是不一样的，即使我们处于同一个空间，彼此之间也属于不共业。个人的不共业，同类相摄，异类相拒，业用在不断的熏增或削弱中。大众的共业，更是相摄相拒，彼此辗转而构成自他间的复杂关系。随着相互推移，引发出社会的共同趋势，即一般所说的"共业所感"。依共作共受的法则，共业的力量如此强大，以至即使是圣者也无法单独改变它。共业就是，类别相同，会互相集聚成一股力量，然后异类相拒，就是把不同类别的排斥掉。比如，山上一座寺庙的法师，大家住久了基本上是同一种气质，这就是共业。你到山下去，别人一看就知道，一定是山上那座寺庙里的。而这个业最终是引发出来的，是一种共同的趋势，这就是共业所感。又比如，在琉璃王去攻打释迦族的时候，按照当时印度的宗教政治关系，军队在前进的路上遇到出家的沙门，必须往后退。佛陀在路上挡了三次，琉璃王还是要攻打释迦族，最后佛陀说，这是释迦族的共业，不可改变。在表达共业不可转的时候，要有所注意。比如，汶川地震发生以后，当时网络上还出现很多言论，有的佛教徒就说，那是共业所感，这个表达是错误的。你要对这个现象生怜悯心、慈悲心，因为理是残酷的，所以你不能去讲这个理，而是要去关怀，这才是智慧的表达、具备宗教情怀的表达。

业的第五种分类是引业与满业。引业是决定某一有情在次一生将转生于何处的业,为满业的对称。譬如促使我们生而为人的业,便是引业;而促使我们为男为女、为贫为富、为美为丑的业,便是满业。满业一定是不共业。

因果与业感

业感的原理有三个。第一个原理是随众,就是随众业而感。因为一个人的身上,是不同力量交汇的结果。天台法师讲"一念三千""十法界",十法界互具,就是说人们的心理状态可以跨越多个存在层次,有时候是饿鬼,有时候是畜生,有时候是菩萨,有时候是阿罗汉:就是在心理上,它都具足。随众意味着个体会根据其生命中最强烈的业力来感受果报。第二个原理是随习,指的是个体的习气或长期形成的行为模式。习气是人们业感的累积,修道的目的之一就是改变这些习气,从而影响人的业感和未来的生命状态。第三个原理是随感,这涉及当下的因缘条件,即个体在特定时刻所遭遇的境遇。这种境遇既有偶然性也有必然性。以上就是在整个业感里的三种原理。像阿赖耶识讲缘起,要解释的也是业感缘起。轮回的主体是什么?记忆如何可能?业如何传承?这些问题都需要人们去理解,是属于业感的原理。

业的相续

在世俗认知中,人们往往倾向于认为一切现象都需要一个具体的承载主体,然而佛法所倡导的"无我"观念,则揭示了生命现象中业力的相续,是通过力量间的对比、吸引(同类相摄)与排斥(异类相拒)来实现的。老子说的"阴阳"也是一种相摄和相拒的表达方式,由这种力量相似相续。实际上,力量的传承,不一定需要主体。一个物理学中的例子可以提供类比:当两个球体在一个无摩擦的环境中相互作用时,一个球的力量能够完全传递给另一个球。这种力量的传递并非因为存在一个固定的承载者,而是因为力量本身的相互作用和转化。在佛教传统中,业力的相续有时被比喻为慧远的"神不灭论"中的薪火喻。然而,这个比喻在那个时代正确,但是在这个时代却是错误的。在这个比喻里面有一根木柴作为传承的实质。可是业的相续,彼此相摄与相拒,彼此克制与融合,在相似相续中,并没有常恒不变的实体,业力的传递更像是力量的转化和流动,不依赖于任何持久不变的实质,这就是佛法说的"无我"。

轮回：无我与自我

我与无我

神经科学视角下的"我",可以被理解为一种能量的集合,由无数生命活动的能量汇聚而成。尽管人们日常体验中深感"我"的存在,但佛教哲学中的"无我"概念却指出,这种存在感并不对应一个固定不变的实体。民间传说顺治皇帝所作出家诗云:"来时糊涂去时迷,空在人间走一回。生我之前谁是我,生我之后我是谁?不如不来亦不去,也无欢喜也无悲。"这首诗,就是关于生命的思考,思考我与无我的问题。

佛陀与"十四无记"

佛陀提出的"十四无记"可以归纳为四个问题：第一，关于时间的有限性或无限性，这不仅是一个常识问题，更触及哲学的深层次探讨。物理学指出，随着速度接近光速，时间似乎放缓甚至停止，这一点在爱因斯坦的相对论中有所体现，引发人们对时间本质的思考。第二，空间的有边或无边问题同样难以捉摸，无边的空间似乎违背了人们对空间的传统理解，而有边的空间又似乎限制了虚空的无限性。第三，生活轮回的主体问题，即是什么构成了轮回中的连续性。第四，涅槃体现的是有或无，就是涅槃以后，人还在不在的问题。对于这些问题，佛陀选择不作回答，这反映了他对形而上学问题的"悬搁"，因为这些问题与实现解脱的目标并不直接相关。佛陀认为，沉溺于这些问题的思考只会使人陷入无尽的困惑，而对达到生死解脱的终极目的并无实际助益。

什么是科学？是因为人类的好奇，才有了科学的研究和发现，所以哲学、科学学科的发展都和人类的两大烦恼相关。第一个就是第一因烦恼。人类常常陷入对起源的追问，这种线性思维推动了人们对历史和文明起源的不断探索。例如，华夏文明的历史被不断追溯，从五千年到七千年，这种探索永无止境。这种对第一因的追求体现了人类对时间和历史线性理解的倾向。第二个烦恼就是灵魂实有。许多人深信自己体内存在一个永恒不变的灵魂。这种观念甚至影响到人们面对死亡的态度，比如有些死囚在临刑前仍抱有来世重生的希望。然而，佛教的教义认为，个体的轮回并非由一个不变的实体所保证，而是受到自身业力的影响。

中国的文化中不仅有灵魂实有的观念，还有承负的理论，就是说每个人都继承了祖先的罪或者福。中国文化深信个体的命运与祖先紧密相连，认为人们继承了祖先的善恶因果，这种观念称为承负。在中国，对祖先的敬仰不仅是一种文化传统，更是一种深植于心的信念。人们相信，祖坟的安宁与否直接影响到后代的运势好坏，因此对祖坟的维护和尊重极为重视。这种对祖先的尊崇与因果报应的观念，与佛法中的自作自受原则形成鲜明对比。佛法主张，每个人的因果报应完全取决于自己的行为，与他人（包括祖先）无关。

那么，佛法如何去对治人类这两个最大的烦恼？首先，佛法提出"无始"的概念来解决对第一因的追问，认为一切法皆无始无终；其次，佛法通过"无我"的概念来否定固定不变的灵魂存在，强调个体的解脱来自超越自我限制的认识。佛法以"无我"来否定自我的存在，但又肯定业力作用与生死的轮回。

于是，必须依众生的烦恼而施设种种生命的主体概念。这里最大的一个矛盾就是，如果没有我，业力如何继承，轮回如何成为可能？因此需要弄清楚，我与无我在整个佛法里的定义。

"我"的含义：中性义和劣义

给大家讲个故事，有一个人要投胎到世间来，他跟上帝说，这个世间太可怕了，我不敢来。上帝就对那个孩子说，不用害怕，我会派一个使者保护你。他就问，那个使者是谁啊？上帝说，你叫她 mama，就是妈妈的意思，妈妈就是你的天使。

在原始佛教，或者说在部派佛教的时代，"我"，梵文就是 mama。从性质上讲，"我"有两种含义：第一种，中性义，它是一个描述词，比如第一人称的我，佛法是没有否定的。第二种，是劣义。劣，就是带有一定的烦恼，是佛法破斥的对象，是佛陀要反对的。梵文里的 mama，还是自我。自我，就是有关于"我所""我所见""我意"等劣义，"无我"就是对 mama（我所）、mamatta（我执）观念的排斥。

佛法"无我"所要反对的还有一个是 attan，系源自吠陀的 ātman，有"灵魂""自己"二义。"灵魂"是佛陀所反对的；但"自己"是反身代名词，是中性词，并无劣义，是佛法接受的。那么，ātman这个名词形成的复合词，如"我所""我见""我想""我得""我论""自爱"等，应属劣义，都是烦恼义。而"己利""自利""自洲（自灯明）""自皈依""我具足"等，取"自己"之义，并无劣义。还包括 atta-bhāva（自体、自性）一字不作"实体""本体"义解，是跟自性相关的，没有违反"缘起"，故无劣义，是中性词。Asmi 一字（第一人称的）表"存在"，本无劣义，我们讲此身故彼身，那也是第一人称存在，这个就是中性词。但是，其复合词如"我慢""我欲"等，又变成烦恼义，始有劣义，是佛法反对的。佛法接受第一人称代词所形成的，比如假我，而反对因我而形成的种种烦恼。修道里面也要依"我"形成种种，比如说"自利""自灯明""自皈依"等的"自"，都是佛法接受的。

"无我"这一概念挑战了人们对自我的朴素理解，包括日常语言中的自我认同（这是我），哲学探讨中的抽象自我（我体），以及宗教信仰中的灵魂或神我（如吠陀、婆罗门教中的 ātman）。这些关于"我"的观念，无论是在日常生活中还是在宗教和哲学中，都源自我见和我慢，即对自我存在的执着和自负。心理学研究表明，人类的自我意识在两岁左右开始形成。在此之前，婴儿尚未发展出对自我的意识。随着成长，儿童还渐认识到自己与他人的区分，开始形成自我意识，认识到"这是我的爸爸、妈妈"，"我的东西不能分享"。随着社会化过程的深入，个体逐渐构建起社会我，即通过他人的反馈和期望来定义自我。比如小朋友到了学校就知道要听老师的，因为老师不断地表达，你如果听我的话，我就奖励你一朵小红花，那孩子就会很高兴了，回家说我今天得到小红花了。老师即通过一朵小红花控制了这个我。好学生就是听老师的话，就能够得到一朵小红花，我们都是被这样教育大的。慢慢地，这个社会我就通过他人映射出来，这就是分别我见。

哲学上的分别我见，通常是指将自我视为一个独立完整的实体，即我体。宗教中的神我或梵我概念，如婆罗门教中的ātman，追求的是个体灵魂与宇宙灵魂的合一，即梵我合一。这一概念是婆罗门教的核心思想，但实现起来极为困难。生命的实践需要达到梵的境界，但现实生活中的种种烦恼却构成了障碍，使修行者处于一种难以突破的瓶颈状态。

佛教就和婆罗门教完全不一样，看佛教这个拜佛的姿势，拜佛是从上往下趴下去的，是完全倒转。在佛教中，拜佛的姿势——从站立到俯身趴下，象征着自我的放下和对众生的奉献。这种姿势表达了一种非自我中心的世界观，其中"我"不再是一个封闭的实体，而是把"我"奉献给大地、奉献给众生,"我"就是众生的映射,就是要把"我"分享给众生,这就是拜佛的意义。佛教对"我"的理解与婆罗门教截然不同。

"无我"教义并不反对我们在日常交流中使用"我"来指代自己。这个"我"在佛教中被视为缘起,是相对存在、不断变化的,是一种方便的标签,而非固有的实质。它是一个假名,一个为了沟通和理解而暂时采用的标识,而不是一个具有自性、自我创造、自我生成、自我维持、永恒不变的实体。人的身份也是缘起中的相对存在。什么叫法师?很多人说穿僧服、剃光脑袋的就是法师,那是因为知道有佛教才说他是法师。说自己是和尚、是法师,这个形象只有放在一个缘起中相对才可以被认识。

"我"的邪见

关于"我"的邪见,主要有四个。第一个,《杂阿含经》里说:"有我,有此世,有他世,常恒不变易法,如尔安住。"[1]坚信存在永恒不变、超越时空的"我",以及确信此世与他世的存在,并认为有恒定不变的法则支配一切,这种观念被称

---

[1] [南朝宋] 求那跋陀罗 译:《杂阿含经》,《大正藏》(第2册),第43页下。

为"常见"。第二个,《杂阿含经》里也说:"无施、无会、无说;无善趣、恶趣、业报;无此世、他世;无母、无父、无众生、无世间阿罗汉正到、正趣。"①"恶取空"观点,则是一种极端的虚无主义,它否认了施与受、言说、善恶业报、轮回转世、家庭关系乃至众生与阿罗汉成就的真实性。当今社会,许多人因缺乏对未来世的信仰与构想,仅专注于现世享乐,往往陷入这种"恶取空"的境地,其生命观显得空洞而危险。宗教信仰在本质上,就是接受有来世的生命观。无论是基督教、天主教、伊斯兰教,还是道教,这都是最根本的生命观。有些文化中,宗教信仰被视为个人品性的基石,认为具备来世观念的人才是值得信赖的,反之则被视为不可靠的。第三个,"苦乐常住,生死定量"的决定论,实际上就是宿命论,认为生死有定,主张苦乐、生死皆由定数决定,个人无法改变,这种"苦乐常住,生死定量"的观念限制了人的自由意志与成长可能。第四个,就是"此大梵自在造作,自然为众生父"②的创造论,认为宇宙万物及众生皆由某一至高无上的存在(如基督教中的上帝、婆罗门教中的大梵)所创造。这些都是创造论,是有关于"我"的邪见。

---

① [南朝宋]求那跋陀罗 译:《杂阿含经》,《大正藏》(第2册),第43页下。
② 同上。

生,"我"就是众生的映射,就是要把"我"分享给众生,这就是拜佛的意义。佛教对"我"的理解与婆罗门教截然不同。

"无我"教义并不反对我们在日常交流中使用"我"来指代自己。这个"我"在佛教中被视为缘起,是相对存在、不断变化的,是一种方便的标签,而非固有的实质。它是一个假名,一个为了沟通和理解而暂时采用的标识,而不是一个具有自性、自我创造、自我生成、自我维持、永恒不变的实体。人的身份也是缘起中的相对存在。什么叫法师?很多人说穿僧服、剃光脑袋的就是法师,那是因为知道有佛教才说他是法师。说自己是和尚、是法师,这个形象只有放在一个缘起中相对才可以被认识。

"我"的邪见

关于"我"的邪见,主要有四个。第一个,《杂阿含经》里说:"有我,有此世,有他世,常恒不变易法,如尔安住。"[1]坚信存在永恒不变、超越时空的"我",以及确信此世与他世的存在,并认为有恒定不变的法则支配一切,这种观念被称

---

[1] [南朝宋]求那跋陀罗 译:《杂阿含经》,《大正藏》(第2册),第43页下。

为"常见"。第二个,《杂阿含经》里也说:"无施、无会、无说;无善趣、恶趣、业报;无此世、他世;无母、无父、无众生、无世间阿罗汉正到、正趣。"[1]"恶取空"观点,则是一种极端的虚无主义,它否认了施与受、言说、善恶业报、轮回转世、家庭关系乃至众生与阿罗汉成就的真实性。当今社会,许多人因缺乏对未来世的信仰与构想,仅专注于现世享乐,往往陷入这种"恶取空"的境地,其生命观显得空洞而危险。宗教信仰在本质上,就是接受有来世的生命观。无论是基督教、天主教、伊斯兰教,还是道教,这都是最根本的生命观。有些文化中,宗教信仰被视为个人品性的基石,认为具备来世观念的人才是值得信赖的,反之则被视为不可靠的。第三个,"苦乐常住,生死定量"的决定论,实际上就是宿命论,认为生死有定,主张苦乐、生死皆由定数决定,个人无法改变,这种"苦乐常住,生死定量"的观念限制了人的自由意志与成长可能。第四个,就是"此大梵自在造作,自然为众生父"[2]的创造论,认为宇宙万物及众生皆由某一至高无上的存在(如基督教中的上帝、婆罗门教中的大梵)所创造。这些都是创造论,是有关于"我"的邪见。

---

[1] [南朝宋]求那跋陀罗 译:《杂阿含经》,《大正藏》(第2册),第43页下。
[2] 同上。

主体的有无

佛法所讲的"无我",其所指涉的主体与弗洛伊德心理学框架下的自我、本我、超我等概念有本质区别。"主体"是西方哲学语境中的一个概念,指向一种能够自我认知、拥有欲望与感受,并指向外界对象(即客体)的自我。简而言之,它是肉体与灵魂所构成的整体。主体的核心特性就是能够意识到"自我",有其自我同一性。而佛教的"无我"正是对这种"主体"的破斥。佛陀主张:"心理过程"并非以自我或主体作它的"持久的后盾",它只依缘起法而生灭。缘起中的"我"并非独立自存的,它在某种程度上正是"其他事物的限定"。这些不同因果系之相对的主体,是缘起的(在一段时间里有其安定性,在特定空间里有其统合性,不违反缘起条件下有其相对之自主性),在世俗谛里"不无";可是,非缘起的、永远常在的、独自存在的、无条件而绝对自在之主体,在第一义谛里"不有"。

缘起与自由意志

意志自由赋予了精神体一种力量，让我们能在意识到有限价值时，自主地决定行动方向，选择追求或放弃某种有限的善，或在多种价值中作出选择。抉择力，这就是自由意志的显示。依佛教，"意志"在缘生法中大体属于"行蕴"的一种功能，即"思"，三业的造作都以"思"为体，有"审虑思""决定思""动发胜思"三种，此谓之"三思"。审虑思是指，对境取正因邪因俱相违等相，而审察考虑之，就是我们讲的决定思维，做任何事情在意业上面的思维就是审虑思。人有相对的自由，因为人会思维。"决定思"是指，审虑终了，意有所决，就是说思维之后你会去决定，决定就是意志力。"动发胜思"是指，正动发身语之位，就是说决定了就会发动身业跟口业去造作。

在佛教的视角下，人的意志活动虽受限于身、口、意三业的范畴，但仍保有相对的自主性。贬低人，有一种做法就是骂这个人是畜生，从心理学来说，畜生就是匮乏性的本能满足。动物往往依据直接需求行动，缺乏长远的规划与自我控制，这在心理学上被称为"匮乏性满足"。人类在面对饥饿等生理需求时，有更强的自制力，这就是自由意志的展现。孟子讲，人之所以异于禽兽者，几希。就是说，人与禽兽差别非常小。从康德的理论讲，第一个差别就是自由意志，第二个差别是道德实践。反过来讲，人有道德实践，是因为人有自由意志。如果说你认为无法决定自己的生活，那就是说你承认自己不是一个人。所以，人之有意志，可以自己造作行为，固然是在经验中的事实，但意志的背后不能预设有绝对常恒的精神体（主体）。

佛法讲的主体，是相对的自由意志。"自作"中，有缘起中相对的自由意志。当然，众生在无明妄想中，受过去习气和业力的种种影响，其意志自由的程度因人而异，三善道的众生，其自己的主宰性总是较强的。有的人控制力强一点，有的人控制力差一点，这就是自由意志的差别。因为我们有相对的自由意志，道德的实践才是可能的，这是经验上可证成之事。

轮回与生命的转变

轮回

轮回，梵文叫 Saṃsāra，指众生由于起惑造业的影响，而在迷界（六道）流转生死，如车轮旋转，循环不已，故云"轮回"。正是因为有业力，有相对的自由意志，所以有轮回。轮回是每个刹那都在进行的，人从生到死之间也是个轮回，比如婴儿不能够控制大小便，人到快死之时也是如此；人生下来没长牙齿吃不动东西，快死之时也是牙齿掉光吃不动东西；人刚生下来不会走路，摇摇晃晃，到老了也一样摇摇晃晃，路都走不了。轮回，主要是指众生就像车轮一样，生命形态在不断转变。《过去现在因果经》卷三云："贪欲、嗔恚及以愚痴，皆悉缘我根本而生。又此三毒，是诸苦因，犹如种子能生于芽，众生是以轮回三有。"① 轮回就是苦的表现。轮回的概念源自灵魂转生和灵魂不灭的信念，是印度各派宗教、哲学所共通的思想，并非佛教所独有。佛教对轮回的理解赋予了它新的含义和深度，将其与业力和烦恼紧密联系起来。

在中国传统文化中，人们相信灵魂不灭，因此坟地的设计要留一个小孔，以便祖先的灵魂能够自由出入。这种做法反映了对祖先灵魂的尊重和对生命循环的信仰。而在日本，每年七月十五日，即被称为"盂兰盆节"的日子，人们相信祖先的灵魂会返回家中。为了指引祖先的灵魂找到回家的路，家家户户都会在门口挂上灯笼。

古《奥义书》（公元前七世纪前后）中，对于人死后之命运，曾提出"五火二道"说，此可能是对轮回最原始的说法。二道说人死经火葬后，即赴月世界。如果这个人前生作善、具正知识、完成正祭祀，则不久即可离开月世界，而抵达梵天世界。不再返回此世。此等过程称为"神道"。而另一种人在月世界停留一定时间之后，即随着雨而返回此世。然后不久即进入植物的种子之中，而成为食此种子之人或犬等生命体的精

---

① ［南朝宋］求那跋陀罗 译．《过去现在因果经》，《大正藏》（第3册），第644页中。

子，最后再生为人或犬等。至于再生为何人或何物，则全依其前生之善恶多寡而定，此等过程称为"祖道"。经由祖道再生者，将会再受老死之苦；而经由神道抵达梵天世界者则不必再生，因此亦无再度死亡之虞。这就是古《奥义书》里面关于轮回的说法。

佛教对六道的判断

佛教倡导超脱六道轮回的核心缘由，在于对"梵"概念的深刻洞察。梵是天道的众生，并不是究竟的存在。梵王定衰福尽，仍会下堕，未脱轮回，这样，就剥夺了它的创造万物的神格。凡是众生，福报尽了之后，禅定力没有了，仍然会堕落。所以，从佛法讲，梵天并不是一个万物的创造主。

六道之中，佛教尤为推崇人道，而非天道，原因在于人道充满了苦乐交织的体验，这种复杂性赋予了人类反思与成长的空间。相较于纯乐的天道，纯苦的地狱、畜生、饿鬼道缺乏促使生命觉醒与改变的动力；而正因人道苦乐并存，才激发了人类自我反省与追求解脱的潜能。佛陀认为人道有三种殊胜（体现自由意志）：人有记忆力、人有梵行、人有精进。正是这三种殊胜，体现出人有相对的自由意志，所以佛教跟印度教不同。

婆罗门教的经典《摩奴法典》说梵特意创造了地狱，以作为对不信仰梵的灵魂的惩罚。而佛教认为，地狱众生因自身恶业所感召的果报，是"自作自受"的必然结果。如果一个人的人格特征是极端的自私、凶残、冷酷、阴险、卑鄙、无耻，具有很强的扩张私我欲，性格外向，具有攻击性、破坏性、侵略性，智商往往不低，然怀善恶无报的邪见，造作诸恶业，这样的人格是地狱型人格。比如杀人犯，并不是最后被判死刑了才叫因果报应，对因果报应真正的理解是，当你起这一念心的时候，报应就现前。比如，想杀人，那内心自动就会产生焦虑感了。所谓地狱现前，不是说大地突然漏出一个洞，然后你掉下去了，而是当你有侵略心、处于焦虑状态的时候，就如同身处地狱了。看所有关于地狱的描写，很多都是关于火的。火，就是焦虑的状态，人极度焦虑的时候，就相当于进入地狱的境界里了。

饿鬼道的众生常被描绘为嘴大腹鼓，却拥有细长的脖颈的形态，这象征着他们对食物的无尽欲望和实际上的难以满足。饿鬼道的人格特征包括自私、吝啬、奸诈和阴暗，他们的聪明才智往往用于谋取个人利益和投机取巧。在人的心理状态中，极度贪婪相当于饿鬼道，表现为一种剥削型性格，如法国文学作品中的葛朗台，便是这种性格的典型代表。

畜生道的众生则缺乏智慧和反思能力，生活在本能驱动的机械和被动状态中。其行为模式主要是为了满足基本的生存需求，如进食和睡眠，而不具备深层次的自我反省和远大理想。畜生道的人格特征体现为愚痴、无智、机械和被动，是一种只知满足基本需求的生存型人格。

修罗道的众生能按照社会道德规范约束自身，守纪律，讲奉献，有集体主义精神，有进取心和热情；但是，不离自我中心立场，贪恋权位财利，嫉妒心强，骄慢专横，好勇斗胜。竞争心和效率心为修罗道的人格特征，属于专制型人格。

轮回也可以是人格的轮回，人在一生中可能会体验到类似畜生、饿鬼、地狱、人、天等不同境界的心理状态。轮回的本质有三个方面：第一，不同的心理状态的转变，轮回不是简单地画圆圈，轮回的本质在于生命的转变，生命的转变里最主要的转变就是心性的转变。第二，即使是人，在人道里同样可以看到六道众生。有一年我到新加坡的监狱里去弘法，有一个犯人跟我说，他每天晚上都梦到自己被别人拖着走，而且一梦就是两三年。所以，什么是最大的罪报？监狱就是一个住的地方，只要你能够安住下来，监狱也是一个地方。关键是，你住在监狱里，每天晚上都梦到被别人拖着走，那才是置身于最大的监狱。所以，虽然是人，仍然有六道不同的果报。第三，是生命形态的转变，没人知道下辈子的生命是什么，该如何去解释轮回。

佛教轮回说的特点

佛教轮回有以下几个特点：

第一，佛教轮回的概念首先挑战了创造主神和永恒不变灵魂的观念。在印度传统中，种姓制度曾被用来固化社会阶层，认为人的出身决定了命运。佛教通过轮回说予以反对，主张众生都有平等的机会通过自己的业力改变命运，从而提倡种姓平等。

第二，轮回说明众生生命的改造的可能性，面对现实具有自由意志的业力，这才是生命的希望。如果不存在轮回，生命中的遗憾似乎无法得到补偿，但轮回提供了希望，让人们相信可以通过不断的努力在未来的生命中弥补这些遗憾。所以，轮回就是生命的一种希望，这个希望主要是说明我们有自由意志的业力。反过来讲，轮回也是一个生命的机会。

第三，最重要的是，佛教是通过轮回来破除轮回说。因为轮回说的根本不是让我们安住于轮回，而是要脱离轮回，最后回到涅槃，这就是 nirvana。

第四，佛教认为，通过理解和实践佛法，人们可以掌握法性，即一切事物的真相，从而达到涅槃。轮回是对"我"的执着所导致的循环，而涅槃则是对"无我"的深刻领悟。因此，轮回和涅槃分别代表了对"我"的造作和对"无我"的实证。

烦恼：无明与分别

环境能塑造心理，一切客观存在的实体或情境，均能在不同程度上影响人的心理状态。在中国深厚的传统文化语境中，大地人三才并立，强调了自然与人的和谐共生，这种观念也隐含了人类居住环境对内心世界的微妙影响。而印度文化中的宇宙观，更是将我们的生存空间视为宏大宇宙的一个微观缩影，我们生活在一个宇宙中，住的房间也是一个小宇宙。

有一个心理学的分支，叫作存在主义心理学，又叫人文心理学，是二十世纪四五十年代在西方兴起的心理学流派，主要的代表人物是马斯洛和罗吉斯。罗吉斯的心理学观点认为，一个人的心理发展，取决于他的成长的价值。同时，还有一种关于存在主义的哲学思想，是说人存在于世间，第一是追求自由。西方文明的发展过程，是对自由追寻的过程，所以他们的民主也是要保障自由的。第二是个人决定的价值，第三就是人生的意义。

马斯洛提出的需求层次理论，通过一个直观的金字塔模型，深刻剖析了人类动机与需求的多层次结构。在这一框架中，最基本的是生理需求，正如孔子所言"食色性也"，它涵盖了人类维持生存所必需的基本物质条件，是金字塔的基石。第二层是安全需求，涉及身体安全、健康、财产安全等方面，确保个体能够稳定地生活。第三层是情感和归属需求，这反映了人对家庭、朋友和社会归属感的追求，体现了人作为社会存在的情感联系。从生活上讲，人为什么需要家庭？为什么需要加入一个组织？因为人有一种归属和爱的需要。第四层是尊重需求，位于更高层次，包括自尊、自信、成就和他人的认可，这与个人的名誉和社会地位有关。第五层也是最顶层，是自我实现的需求，这涉及个人潜能的实现、创造力的发挥和个人成长。

马斯洛把人的需求用一个金字塔的结构解释出来，但大家不要被这个结构所迷惑，因为你如果解决了最顶端的需求，下面几层的很多需求是可以超越的。你如果解决了自我实现的需求，金字塔的下面几层，比如尊重、归属、爱、安全、生理等需求都可以不去满足。有很多老和尚住在山洞里，除了金字塔最顶端的需求，其他需求他们都没有。宗教的意义在于，它提供了一种超越物质需求,直接触及人内心深处和精神层面的途径。通过宗教实践,人们可能会发现,那些看似基本的需求实际上并非生活的唯一目标,精神的满足和自我超越才是更为深远的追求。

无明与爱见

无明与所知障

印度哲学区分了两种形式的无知：第一种是 ajñāna，表示一种被动的知识缺失，即个体并不了解某些知识或信息。例如，一些法师可能不熟悉现代社交媒体，不会用微博，这种无知是被动的，因为它仅仅反映了知识的欠缺，而不涉及对知识的错误理解或扭曲。第二种是无明（avidyā），这是一种更为深层的无知，它不仅是知识的缺失，而是一种主动的力量，它抵制、阻碍或扭曲了真正的知识（vidyā，或明）。无明是佛教中一个核心概念，指的是对真相的根本误解，这种误解会导致错误的行为和决策。无明与单纯的知识欠缺不同，它是一种被错误认知所污染的状态，会妨碍个体的道德和精神发展。在现代社会，有些老年人可能对电脑、手机和即时通信等现代技术工具不太熟悉，这种无知属于知识的欠缺，但它是"不染污"的，因为它不会扭曲人对真理的理解，也不会阻碍人解脱的道路。实际上，这种无知有时甚至可能有助于个体更专注于精神修行，避免外界干扰。阿罗汉都有不染污无知，他对很多东西是不理解的，但不妨碍其解脱去除烦恼。

对"佛有否一切智"，在早期佛教经、论之间是有分歧的，尤其在《阿含经》与阿毗达磨论中有较明显差异。佛有没有不染污无知呢？佛陀如果是一切智者，按照信徒的期望，他应当无所不知。实际上，在宗教的信仰体系里，基本上所有的教主都要符合三个标准：全知、全能、全善。

从宗教信仰上讲，佛陀与上帝最大的区别在于，佛陀是全知、全善的，但不是全能的。佛陀的伟大之处在于他发现了宇宙人生的真理，反过来，他又遵守宇宙人生的规律。就是说，佛陀发现它，并遵守它。上帝不是。上帝创造了这个世界，但他没有把最好的东西给别人。既然上帝是全善的，为什么就让一个人贫穷丑恶？他为什么不满足所有人的愿望？这些问题指向了对全能和全善概念的深入探讨。佛陀不是全能的，他面对两种力量时是无能为力的：第一种叫定业不可转，佛陀不能去改变众生的业力；第二种叫共业不可转，众生的共业无法改变。不染污无知是以"佛否一切智"为标准而呈现的反差。

佛与阿罗汉的区别，在戒律里面经常存在争论。佛在僧数还是不在僧数，就是说佛到底是不是僧团里的一员？这个争论就是在探讨佛与阿罗汉的区别问题。这个区别是随着佛弟子对佛的理解不断升华而来的，这就是不染污无知与佛一切智的问题。《俱舍论》里有一段话：

> 以诸无知（ajñāna）能覆实义（bhūtārtha），及障真见（darśana），故说为冥（andhakāra）。唯佛世尊得永对治于一切境、一切种冥……而声闻、独觉虽灭诸冥，以染无知（kliṣṭa-saṃmoha）毕竟未断故，非一切种。所以者何？由于佛法极远时、处及诸义类无边差别，不染无知（akliṣṭamajñānam），犹未断故。已赞世尊自利德满，次当赞佛利他德圆，拔众生出生死泥者，由彼生死是诸众生沉溺处故难可出故，所以譬泥。众生于中沦没无救，世尊哀愍随授所应，正法教手拔济令出。①

---

① 世亲 造，[唐]玄奘 译：《阿毗达磨俱舍论》，《大正藏》（第29册），第1页上。

"以诸无知",这个无知,就是不染污无知的意思。"能覆实义,及障真见",是能够遮盖、遮掩真实义。"故说为冥",冥就是不明白。"唯佛世尊得永对治于一切境、一切种冥",就是说佛陀没有这些无知。"而声闻、独觉虽灭诸冥,以染无知毕竟未断故,非一切种",就是说声闻独觉有什么呢?还是有不染的无知。"处及诸义类无边差别,不染无知,犹未断故",就是说佛陀断除不染无知,证一切智,而阿罗汉仍然有不染无知。所以,到了《俱舍论》时代,不染污无知指的是无知于那些与行者个体的觉悟或解脱没有直接关联的知识,因此即使无知于此类事物之知识,仍然不会成为解脱的障碍。在世俗的观念中,人们常常期望法师或高僧无所不知。然而,实际上,即使是达到了阿罗汉果位的修行者,也可能对某些与解脱无关的知识保持无知。这种无知并不影响他的觉悟状态,也不会成为他精神修行的障碍。

　　原始佛教时期,佛陀与阿罗汉在断障上的差别被认为体现在"习气"上。习气是指即使在断除了贪等烦恼之后,仍可能残留的一些习惯性行为或反应。佛陀不仅彻底断除了所有的烦恼,也完全清除了所有习气,而阿罗汉尽管已经断除了烦恼,但某些习气可能依然存在。举个例子,佛弟子里有一个比丘是阿罗汉,有一天过恒河,看到恒河的水流很大,非常生气,觉得这河神一点都不尊敬他，水流见到他应该停下来。他就站在岸边开始骂，说：小婢，还不停。恒河的河神也很生气，就跑到佛那里去告状。佛就把他找来了，说：你发脾气不对啊，你要向河神去忏悔。他后来怎么忏悔的？他说：小婢，我向你忏悔。河神就百思不得其解，说这个人连忏悔也在骂人。这就叫习气，阿罗汉有这个习气。到了部派佛教时期，出现了"不染污无知"的说法，它与习气一样是不会障碍涅槃的，但是会障碍成佛。此时的不染污无知，在《顺正理论》中说它等同于习气，也分析了习气形成的因缘，"不勤求解慧，如是辗转，无始时来，因果相续，习以成性。"[①] 成佛必须是一切智，因为成佛要广度众生，而阿罗汉是自我解脱。佛要广度众生，需要了解这个世间种种差别相。要了解世间法、了解众生根机，首先就要精进。不染污无知是不精进去求各种解慧，阿罗汉的解脱是安住于自己生命的境界，他对于心外的法不去关注，也不关注众生的根机，所以我们讲阿罗汉是小乘，是注重自我生命的提升。宗教的真正精神在于普度众生，因此成佛被视为终极目标。在这一过程中，"不染污无知"表现为对法的了解不够深入。部派佛教中提到的不染污无知，更多的是指对微妙法门的

---

① 众贤 造，[唐] 玄奘 译：《阿毗达磨顺正理论》，《大正藏》（第29册），第502页上。

分辨力不足，以及对佛的十力、四无所畏等特殊能力的无知。

爱与见

爱与见，是由于无知。无明是一种结构性的烦恼，它不仅是知识的缺乏，更是一种固有的心理状态。我们对待事物的方式，即自他依存的结构，决定了我们的心理反应。例如，老师与学生之间的关系就是一种典型的结构性烦恼。虽然学生的未来发展与老师没有直接关系，但老师因承担教育的责任而产生心理预期，这些预期可能因个人的本性而变得复杂。实际上，老师无法确定学生能不能成才，但是老师若不去教育，这个期待就永远无法实现，所以由这个根本的烦恼而引发出来的，就是爱与见。

从原始佛教到部派佛教，贪、嗔、痴被称为三毒，被视作三根本烦恼。后来这三根本烦恼逐渐发展出六根本烦恼，就是贪嗔痴慢疑见，所有的烦恼都来源于此。贪，是指我们的追求超过我们的能力。慢，就是言自异他，把自己抬高，贬低别人。这些都是来源于一个"我"，就是末那识。所以，由六根本烦恼引发出来的是随烦恼。在《百法明门论》里有五十一个心所，其中很大一部分就是中随烦恼、小随烦恼、大随烦恼。所以，烦恼的理论发展，也来源于禅观的观察。从佛教的整个思想体系来讲，唯识对心理的观察，远在今天的心理学之上。在观察的深度和细致度上，佛教对心理的观察超越了现代心理学。弗洛伊德、荣格，以及存在心理学等流派虽然对人类心理有深刻的洞察，但他们主要是观察和研究他人的心理。相比之下，佛教心理学更注重对自身心理变化的观察和了解，这种自我观察的能力使得佛教心理学在理解心理的微妙变化上具有独特的优势。

分别烦恼是后天的思想教育造成的，是由家庭的教育、社会的教育、学校的教育引生出来的，这些带给人们的都是一种分别的烦恼。当然，有些东西是天生的，俱生烦恼就是说人有很多天生的烦恼，这就是分别。

在佛教中，思想的烦恼，即见惑，包括身见、边见、邪见、见取见和戒禁取见，合称为五利使。这些思想上的错误见解，本身就是一种精神上的苦恼，因为它们可能成为个体认识真理的障碍。所知不一定是障，但是所知很容易成为障碍，这就是所知障。身见，就是对身体错误的看法，就是在一个自我意识里以身体为我。边见，就是断见，没有三世的观念。邪见，就是拔无因果类型与因果不相应的思想。取见，执着于自己的思想，认为自己的思想是绝对正确的。当然，观点不存在正确或错误之分，只看论证的有效性，才会出现正确和错误。戒禁取见，执着于不正确的戒律修行。比如，外道的这些戒律，如今印度还有裸体外道，他们觉得裸体就是一种修行。印度的外道里，还有一种苦行外道，躺在刺上面，认为自己把所有的苦都受完了，自然就解脱了。这些观念，都是戒禁取见。往往思想的错误是容易去除的，在证得初果乃至菩萨证得初地的时候，见惑就全部断除。

现象的烦恼，称为思惑，即贪、嗔、痴、慢、疑，合称为五钝使。而钝是不容易去除的。

生命烦恼的三大形态

无论无明还是爱与见，人的烦恼表现出来的就是三个形态：第一个是时间形态，顾恋过去与追求未来。顾恋过去就是对过去的执着，有句话说，当你开始不断回忆过去，就说明你老了。因为人在回忆时有一种补偿性心理，就是自己现在不行了，靠回忆来说明自己曾经行。比如一个老太太说，我年轻的时候也是很漂亮的。为什么？就是因为现在出去了没人睬她，要是年轻的时候就会有很多人看她,这就是一种补偿性的心理。《金刚经》里面讲,过去心不可得,但是人往往都愿意活在过去,没法儿走出来,因为在生命的流转中,人太喜欢执着于过去的一切。追求未来,就是把未来进行一个固定,这是错误的。不是说没有未来,每个人每天都在走向未来,但是,人如果把未来当成一个固定不变的东西去追求,那就是错误的。追求未来不是错,往生净土是未来、成佛是未来,关键就在于,追求未来,还要安住于当下。

第二个是空间形态,自体爱与境界爱。爱与见烦恼里的爱,一方面就是自体爱。什么是人性?佛法对于人性的理解,首先是认识到了避苦趋乐是人性的本能。比如人的眼睛看累了,就会闭上眼睛休息一下。照相的时候,人闭眼睛的次数就相对变多,这都是本能的趋向。解脱,最终是跟人性相应的,因为只有真正的自由才能够真正实现解脱。佛法认为,避苦趋乐是人的本能,这种本能体现了人性中寻求自由和解脱的一面。佛法提出的人性观是缘起人性观,认为人性不是固定不变的,而是受多种条件影响的结果,如家庭、教育和生活方式等。自体爱,是指人生存的欲望。所以,避苦趋乐的根本原因是希望每个生命都能生存下来。佛教主张放生、护生,就是因为生存欲是所有欲望的根本。有情是以"自体爱"为根本的,即生存的欲望。佛法里，饮食是一个生存的欲望；性是延续的欲望，这都属于生存的欲望的一部分。境界爱是指依自己而所缘的种种境界，每个人都对自己的境、所缘境产生爱恋，比如每个人对自己的房间、自己的电脑、自己的书，都有执着，这些就是境界爱。

第三个是存在形态，存在与否定。人在面对烦恼时常走向两个极端：全然的肯定和彻底的否定。例如，当个体感到压力无法承受时，可能会考虑自杀作为逃避现实的手段。然而，这种行为并不能真正解决问题，它只是个体以一种极端的否定方式来表达对生命存在的绝望。

烦恼生起的心理机制

"心"的特点

烦恼是如何生出来的？这是跟心相关的。佛法本质上是一种心法，一方面，任何人的心相对于别人来讲都是秘密的，同时，任何人的心都是无常的。另一方面，心也是缘起法。佛教对心的观察和理解，是通过禅修实践和深入的自我反思来实现的。从原始佛教到部派佛教，再到瑜伽唯识学派，佛教对心的认识逐渐深化，从六识说到八识说的演变展示了佛教心理学体系的发展。佛教唯识的心理学体系比目前所有心理学体系都精密、准确，其根本原因就在于佛教徒是通过禅观的体验来反思自身心理，而不是通过实验。比如，香港大学医学院有一个研究课题，就是研究禅修的心理反应，用仪器来测量禅修的人的脑电波活动，叫阿尔法波、贝塔波等。

心的类别

佛法对心理的理解，涵盖了从直观的感官认识到深层次的意识活动，所以出现了六识到八识。眼识、耳识、鼻识、舌识、身识这五个分别识，是通过感官接触的，第六意识是一个心理的活动中心，就是说人们平常所有的心理都是依靠第六意识而产生活动的，比如，做梦，是梦中意识；禅定，是定中意识；打妄想，是散乱意识。还有一个，就是分别意识。五俱意识，实际上是跟前五识一起生起的。第七，末那识，是与自我意识紧密相关的中心，它影响着人们对"我"这个概念的所有思考和感受。第八，阿赖耶识，被视为生命的基础和主体，它承载着生命的连续性和个体的业力。可以用《西游记》中的四个角色来分别说明：沙僧就是前五识，不管是妖魔还是佛，对他而言都差不多，反正他都听师兄的、听师父的，这就是前五识；孙悟空，他的性格就是第六意识，火眼金睛分别妖魔鬼怪；猪八戒就是第七末那识，反正对他有利的他才干，对他无利的坚决不干；唐僧就是第八阿赖耶识，就是不管是妖是魔还是其他什么，他都收。

自我意识是一种多维度、多层次的心理现象，它由自我认识、自我体验和自我控制三种心理成分构成。这三种心理成分相互联系、相互制约，统一于个体的自我意识之中。自我认识，就是判断自己是一个什么样的人，包括自我感觉、自我观察、自我分析、自我批评等。自我体验，就是对自己是否满意，自我感受、自爱、自尊、自卑、自傲，责任感、义务感、优越感等，这些都属于自我体验，每个人都会有。自我控制，就是要有效地调控自己：自立、自主、自制、自强、自卫、自律。人的自我意识的产生有三个时期。第一个就是自我中心期，从出生后的八个月一直到三岁左右，这个时期的自我意识是最原始的状态，是生理方面的自我，所有关于"我"的表达只在生理的层面，肚子饿了就哭，尿湿了也哭，吃饱了高兴了就睡觉。从三岁左右到青春期，这是一个客观化的时期，也是获得社会自我的时期。在这一阶段个体接受社会文化影响最深，也是学习角色的重要时期。角色意识的建立，标志着社会自我观念趋于形成。孟母为了培养孟子而三次迁居，因为人到一定的年龄，周围的环境很重要，这会产生决定性的影响。青春期之后是主观化时期，开始不听老师的，也不听父母的，逐渐形成自己的人格。性格，其实就是人格的社会表现。

阿赖耶识执着于根身、器界、种子，这种执着能力源于末那识，即自我意识。这种执着会扩展到人们对所处环境的依恋，无论是个人的生活空间还是更广阔的社会环境。每个人生活的房间都很重要，因为这个空间就相当于个体的"国土"。例如，一个人居住在寺庙中，寺庙的环境和文化氛围就会对他产生影响，同时他的行为和存在也会对寺庙这一"国土"产生影响。从共业的角度看，个体与环境之间的相互作用对双方都有深远的影响。

人们经常会看到或者听到一种生命现象，就是鬼附体。以前我们讲附体的时候，就觉得这是迷信，所以理解这个原理很重要。从唯识学派的角度理解，附体现象可以被解释为阿赖耶识的执着能力受到末那识的影响。换言之，个体对自己身体的控制力，实际上与末那识的自我意识作用有关。当个体的精神状态不稳定或意识薄弱时，他可能更容易受到外界影响，这在某些情况下可能表现为"附体"。所谓被附体，就是在你的控制力降低的时候，有某个因缘出现，别人借用一下你的身体。实际上，每个人的身体，都是别人的"国土"，这就是附体的原理。

心生起的机制

心生起的机制，包括三大部分：种子、熏习、现行。种子，就是生命的信息。种子中储存了累世的信息，也会对此世的我们产生潜移默化的影响。熏习，是信息的形成系统，就是这些信息怎么来的，是不断地熏习导致的。所以，人如果整天熏习关于世间的染污法，那就生活在染污中。现行，则是指这些种子在适当的条件下成熟并显现出来的过程。它解释了信息或潜能是如何在特定的环境和条件下被激发的，进而转化为具体的思想、情感和行为。

修道：中道与三学

如何修道，要从理想说起。一个人要走向成功，首先要有理想、有目标、有计划，要行动，修道也是如此。出家法师如果没有修道的理想、没有弘法的愿望，就没有任何创造，也谈不上幸福、自由。所以，人要有理想，按照每一个阶段的目标去实践。一个目标完成了，就要有另外的目标，按计划去行动。这就是本章所讲的道谛，道谛就是告诉人们要行动起来。

中道与方法

道谛解说了证入涅槃的修道方法。佛陀摒弃苦行和纵欲，以中道行态度体悟四圣谛法而后证悟。最初，趋向苦灭真理的中道是指八正道，八正道包括正见、正思维、正语、正业、正命、正精进、正念和正定。严格来说，八正道是圣者修行的结果，是圣者圆满修行所过的生活方式。

中道的修行方式

中道是佛教修行的基石，它以智慧为基础，既不提倡极端的苦行，也不赞同无节制的纵欲。苦行和纵欲都被认为是对清净意识的妄执，因为它们都是极端，不能带来真正的解脱。中道强调以正见为根本，通过"以智化情"和"以智导行"的方式，实践非苦非乐的生活。

在《涅槃经》中曾出现过应该"戒急乘缓"还是"乘急戒缓"的争论，就是说，在修道上什么东西是重要的。这表明修行的重点可能因人而异，但正见始终是修行的核心，最终目的是培养智慧。佛教的解脱，无论是慧解脱还是心解脱，都需要智慧。慧解脱，就是生一切智，以一切法了无障碍。心解脱也是需要依靠智慧去熄灭贪、嗔、痴三毒，而获得实择灭解脱。有人说，心解脱应该修禅定，禅定最终导向的还是智慧。佛教修道的根本，是智慧。

中道的含义还包括两个重要方面：第一是"如实"，即在正见的指导下，修行者通过实践来证悟万法的实相，了解万物的规律和本质。第二是中正，不偏二边、不苦不乐。中道的概念还逐渐演变成一种对真理的论证，特别是在大乘佛教中，中观派的八不论证就是从观法引申出对真理的深刻理解。这表明佛教的中道不仅是修行的方法，也是对佛法深刻洞察的哲学表达。

修行与修行方法

修行方法是修道的工具,而非修道本身。人们往往容易执着于这个工具,而没有真正去修道。每天念一百零八遍《大悲咒》,或者念了多少遍《金刚经》,这都是一个工具,人们不能执着于这个工具。《金刚经》里讲,如筏喻者,渡河需要有竹筏这个工具,但是竹筏最终还是个工具,有时候需要放下这个工具。当然,很多人说,一个法门坚持一生,这也是有可能的。实际上,在不同阶段,人们会有不同的修道工具。

修行的自利与利他:做事、做人、做佛

修行的实质是自他不二,即在追求个人精神成长的同时,也致力于利他。无论是自利还是利他,本质上都是自他不二,但在实相上两者是有区别的,这个区别在于,利他行为有两种类型:一种是以自己利益为先决条件的利他,终究是利己性质的行为。如果做某件事,对别人有利,但对自己更有利,那么就做。比如说放生,有人喜欢放生是为了解决身体不好的问题,表面上是觉得动物可怜,本质上是真正的利己主义,这

净意识的妄执，因为它们都是极端，不能带来真正的解脱。中道强调以正见为根本，通过"以智化情"和"以智导行"的方式，实践非苦非乐的生活。

在《涅槃经》中曾出现过应该"戒急乘缓"还是"乘急戒缓"的争论，就是说，在修道上什么东西是重要的。这表明修行的重点可能因人而异，但正见始终是修行的核心，最终目的是培养智慧。佛教的解脱，无论是慧解脱还是心解脱，都需要智慧。慧解脱，就是生一切智，以一切法了无障碍。心解脱也是需要依靠智慧去熄灭贪、嗔、痴三毒，而获得实择灭解脱。有人说，心解脱应该修禅定，禅定最终导向的还是智慧。佛教修道的根本，是智慧。

中道的含义还包括两个重要方面：第一是"如实"，即在正见的指导下，修行者通过实践来证悟万法的实相，了解万物的规律和本质。第二是中正，不偏二边、不苦不乐。中道的概念还逐渐演变成一种对真理的论证，特别是在大乘佛教中，中观派的八不论证就是从观法引申出对真理的深刻理解。这表明佛教的中道不仅是修行的方法，也是对佛法深刻洞察的哲学表达。

修行与修行方法

修行方法是修道的工具，而非修道本身。人们往往容易执着于这个工具，而没有真正去修道。每天念一百零八遍《大悲咒》，或者念了多少遍《金刚经》，这都是一个工具，人们不能执着于这个工具。《金刚经》里讲，如筏喻者，渡河需要有竹筏这个工具，但是竹筏最终还是个工具，有时候需要放下这个工具。当然，很多人说，一个法门坚持一生，这也是有可能的。实际上，在不同阶段，人们会有不同的修道工具。

修行的自利与利他：做事、做人、做佛

修行的实质是自他不二，即在追求个人精神成长的同时，也致力于利他。无论是自利还是利他，本质上都是自他不二，但在实相上两者是有区别的，这个区别在于，利他行为有两种类型：一种是以自己利益为先决条件的利他，终究是利己性质的行为。如果做某件事，对别人有利，但对自己更有利，那么就做。比如说放生，有人喜欢放生是为了解决身体不好的问题，表面上是觉得动物可怜，本质上是真正的利己主义，这

种利他实际上是以自己利益为先决条件的,这种放生远离了有关护生的出发点。另一种利他行为则是为了实现自身做人的价值,这是纯粹出自美好的心灵的行为。这种利他行为是纯粹出于对他人需要的同情和关怀,没有掺杂个人的得失考量。这种利他才是真正的利他,因为它完全基于对他人福祉的关心。

这两种利他行为虽然都涉及"为自己着想",但两者的精神境界和道德价值有着本质的不同。前者是自私的,关注的是行为对自身的利益;而后者是自尊的,关注的是做人的道德品质和精神追求。

修行是使自己满意

修行是一条通往成佛之路的内在旅程,不是为了做给别人看,而是出于自身的需要,这才是成佛。太虚大师说,人成即佛成,人成是指人格的圆满、境界的圆满。所以,修行首先是把事情做得使自己满意,而不是先使别人满意。"做给别人看"(包括慎独情况),把一件事情做得让别人满意,而做得让别人满意是为了别人也能够对自己有好处,这种满意是自私的、沾沾自喜的。

今天的"时尚规范"就是一种活在别人眼光里的例子。追随时尚的过程中，许多人被塑造成只活给别人看的人，要风度不要温度。为什么要穿这个牌子的衣服？因为希望别人知道我穿的都是名牌。其实自己穿得舒服才是最重要的，因为你是穿给自己看的。生活在别人眼光里，那就很难让自己满意。

广度众生的理由

广度众生是出家法师应有的理想。出家法师的理想，应该是正法久住、广度众生，然后为了实现这个理想，设定具体目标。每个人做的事情不一样，有些人做僧教育，有些人做居士教育，有些人弘法，有些人做文化，有些人做经忏，这些都是在广度众生。

菩萨度化众生的行为，并非仅仅因为众生需要被度化，更多的是菩萨自身悲心的体现和内在需求。同样，出家法师在广度众生时，也是出于对自我修行和实现内在价值的需要。解脱有两个根本特质，用最浅显的词语表达，就是自由和幸福。因为众生是菩萨存在的障碍，所以，菩萨只有把众生度化了，自己才能获得自由。而菩萨度化众生，他自己也是幸福的，所有的幸福都存在于自他对待中,离开了自他对待,就离开了缘起法,就不存在幸福了,因为任何对幸福的追寻,都是主体间关系的呈现。

幸福往往不是孤立存在的,它在人与人之间的相互关系中生发。例如,对于一个教师来说,授课可能是一种幸福的体验,特别是当看到学生认真听讲并从中受益时。学生如果感到幸福,这种幸福感可能源自教师的教导;同样,教师授课的幸福也可能源于学生的积极参与和满足感。这种幸福感在师生的互动中得以实现。佛陀以一音演说法,众生随类各得解。世间不幸的原因在于:不想让别人幸福,大家就都不幸福。而你想到别人的需要,朝着别人的需要去努力,最终达成的就是共同的幸福。仍然以上课为例,作为教师,如果发现学生未能理解讲授的内容,应更加努力地去阐述和解释;相应地,如果学生未能理解,也应更加专注和努力地去学习。只有这样,彼此之间才能从痛苦走向幸福。如果人只关注自己的需求而忽视了他人,就可能将自己的痛苦转嫁给他人,最终也会导致自己的痛苦。真正的幸福来自对他人的关怀和对共同幸福的追求。所以,成佛必须广度众生。世间共同的幸福不但是一个理想,也应该是人们努力的方向。

幸福,来自无我的付出,而不是交易。很多人把修行当成一种交换系统。如果修行是一种交换,人们永远不会幸福。比如,觉得自己智慧不够所以要念《大悲咒》,以念《大悲咒》来交换智慧;自己成绩不好,以拜文殊菩萨来交换考试成绩。为什么有的人修的法门总是变来变去?就是因为他发现利益未达成,所以要换一个法门想继续达成,藏传、密宗、内观等都修过,最后还是没达成。从心态来看,这是有了普通人最常见的一种烦恼,叫贸易。看起来什么都修过,但是一点进步都没有,知识好像很丰富,南传也懂、内观也懂、密宗也懂,但最终也就是了解修道的知识,并不是真正的修道。这种行为本身就是交换行为,频繁地换法门,没办法安住。然而,真正的修行是一种内在的转变和成长,而不是外在的交易。如果修行变成了一种性价比的计算,人们就会陷入一种永无止境的比较和不满中,觉得自己的付出远远超出了所得到的。人在这样一种心态下,是无法获得真正的自由和幸福的,也无法达到解脱的境界。

反对"廉价"的修行

现代社会倾向于提供一种"廉价"的快乐,这种快乐易于获得，表面上看起来丰富多样，但实际上却缺乏深度和真实性。在这样的环境中，真正的快乐——那些源自个人探索和内在成长的快乐——往往被忽视。幸福，作为一种更深层次的精神状态，更是难以在这种表面的快乐中找到。现代劳动是不得已的手段，以至人们"逃避劳动就像逃避瘟疫一样"，这样人们就等于在生活中花大量的时间去否定生活的意义。佛法不是贸易的对象，要反对"廉价"的修行。

修行是人们不可推卸的责任，它拒绝一切表面的、不真诚的修行方式，倡导"老实修行"。当今社会，人们往往被打折促销所吸引，商家可能在打折前提高价格，实际上消费者并没有得到真正的实惠。同样，受到诱惑而购买的物品，往往并不是真正需要的。人们有时候就会把这样的心态放到修道里面，总想用一种最简单、最容易的方法，来达成一个最大的利益。现在密宗很盛行，有些人只是为了满足私欲，认为这个即生成佛很好，可是到了藏地你就知道了，真正能修行有成就的，那是艰苦无比的。想灌顶就修成，是根本不可能的。这个世间最大的规律就是如实，因果永远是如实的，如是因、如是果，如果说摸一下就能改变人们的因果，这是违背佛法的。想要有所成就，就必须有艰苦的付出。

佛教修行纲要：戒、定、慧三学

持戒：过一种有道德的生活

　　持戒最好的方式，就是过一种有道德的生活。道德不是来源于神，也不是来源于佛，而是来源于人与人之间。真正有道德的体现有两种：一种是约束自己，另一种是给予别人。从消极层面上讲，持戒是通过自我约束来避免侵犯他人的自由。从积极层面上讲，持戒则是主动为他人带来幸福和快乐。这种消极与积极的平衡，体现在佛教的所有戒律中，如从不杀生到积极护生，从不偷盗到慷慨布施。持戒本身是一种自由的实践，因为人的绝对自由是无法实现的。正如马克思所言，人的本质是一切社会关系的总和，这意味着人总是生活在与他人的关系网中。即使隐居山林，也仍然与周围的生命存在联系。只有当所有人都享有自由时，个体才能真正体验到自由。这是因为现实世界是有限的，他人的存在为个体的自由提供了条件和边界。

自由首先体现为否决权，即个体有能力拒绝自己所反对的事情。一个真正自由的人，不仅有权不做自己不同意的事，也有权故意放弃某些行为。对于普通人来说，至少应拥有弱意义上的否决权，即他可能无法否决他人的行为，但应能够拒绝权威或他人对自身的随意否决。这种权利是个体尊严和自主性的保障。自由还体现为选择权，它允许个体在拒绝做某些事情的同时，选择做其他事情。在佛教中，持戒就是一种选择的体现。无论是持三皈依，还是接受五戒、八戒或比丘戒，都是个体基于自己的信仰和价值观所作出的选择。这种选择权是个体自由意志的体现。自由的第三个层面是创造权。个体在面对约束时，可能会在各种选项中作出选择，这种选择可能并非出于创造性，而是因为生存压力或制度的束缚。然而，真正的自由也包括在这种受限的环境中，依然能够发挥创造性，作出有意义的选择。

出家法师如果在一座庙里住了几十年，经过了选择，也经过了否决，可能在一定程度上就到了瓶颈期。比如，他再也不会到别的寺庙了,他已经适应这座寺庙的规章制度了,而这种适应通过长期的约束,最后变成一种无意识的适应。在无意识适应之后,人可能会变得麻木,不再违反规则,但也停止了创造和进步,无法再向外拓展,甚至认为在寺庙中度过余生是唯一的选择。如果陷入这种思维,就可能辜负了自己的潜力和初衷。人,只有不断地往上走,才不会辜负自己,往上走就是不断地创造自己。佛法如大海,总是学不完的,关键在于自己想学不想学,还有想怎么学,除此无他。这就是创造,只有创造了,才不会生种种烦恼,生活才有动力,才会感觉到幸福。

禅定:过一种宁静的生活

关于禅定,永嘉禅师说,语默动静体安然。禅定是一种内在平和与专注的状态,不局限于特定的姿势或活动。禅定对身体的作用:身体轻安、治疗疾病、减少食睡欲,如初禅可以离开段食,却老延年。禅定可以提高智商,因定生慧。一颗宁静的心,是敏锐的。禅定还能提高情商,帮助修行者净化内心,培养自我控制和承担能力。定心的"堪能性"是衡量一个人是否具备定力的重要标准,体现了情绪的自我控制能力和心理的承受能力。一个人如果在修行过程中心理承受能力逐渐增强，这表明他的禅定能力也在提升。

禅定的实践不仅限于静坐，诵经、阅读佛经等活动同样可以达到禅定的境界。在南北朝佛教时期，各种禅法都曾流传。天台宗的禅修体系尤为完整，从《六妙法门》到《摩诃止观》，无论是渐进的修行还是顿悟的实践，天台宗都有详尽的教导。这个两千年的传统，无法被轻易否定，两千年里无数的祖师大德都不能去否定。定学最终的安住，必须从所缘境开始。所有的定，从开始之初都是所缘境的问题。选择怎样的所缘境作为定的对象，这是一个问题，而这个所缘境一定是人能够接受的、能够得到利益的。

智慧：过一种如实的生活

如实观是一种客观开放的智慧，智慧体现在日常生活的如实观察中，而这种生活的基础是对缘起的真实理解。在每一个瞬间，人们都应该努力观照事物的真相。真理的标准在于认识到所有事物都是动态和过程性的，理解缘起即是洞察佛法。见缘起即见法。真理具有独立性，它不随观察者的主观视角而改变。如果真理随着观察者的视角而转移，那么它就不再是真理，而是主观视角的产物。形而上学的问题可能与人们现实生活的痛苦无关，但生命中的痛苦是真实而具体的体验。佛法是超形而上学（trans-metphysical）。所以，遇到问题时一定要想到多角度观察，要想到自己所观察的可能不是真理。然后，尽量多去思维任何当下的缘起，因为世间是迁流变化的无常的存在，要不断地观察这个无常世间的真相、缘起的真相，在种种变化之间，就会有抉择。

实践的指导原则始于如实观，通过这种观察引导人们走向如实行和获得如实果。这就是说，依照佛法去思维，依缘起、依因果、依业力思维，教义的存在不仅是为了生命的实践，也是为了达到宗教上的解脱。人应该反省自己观察角度的限制，深入对方的心灵。如果只是想到自己的需要，就是烦恼；如果想到别人的需要，就是智慧。观，就是指依当下缘起的条件，反省自己，承认自己是普通人，意识到自己并非完美无缺的圣人，这是出离心的体现。出离心不是沉溺于普通人状态，而是认识到自己的限制，并努力超越它们，更深入地理解他人。观缘起也就是观察自他的关系。比如，你如果想定居在某个地方，就一定要观察这个地方的缘起，历史是怎么样的。只有通过如实观，人们才能在生活中如实行，也就是真正地活在当下。当人们清楚地认识到每个瞬间的不同缘起,慧就会显发。因此,从如实观到如实行,再到如实果,人们应该学会放下自我,更多地关注和理解他人眼中的"实"。

任何如实观的精神就是一种追寻真理的精神。了解实相有两种意义:一种是反面意义,就是对知识虚妄性的批判,因为知识的构建都是逻辑的表达,所有的知识若离开了逻辑,是无法存在的;另一种是正面意义,就是推动知识世界的发展。所以,如实观对于真理来讲,一方面拼命批判这个世间的各种知识,只要是世间的知识都是外道,无论其他的宗教还是其他哲学,佛法一概说这叫外道。外道不一定是贬义,但具有一定的批判意义。佛教从印度传到中国,实际上又推动了整个知识世界的发展,思想史丰富了。所以,佛法要回到原点,它是不发展的,因为它所面对的问题是共同的,解决的途径也是共同的。在不同的时空中,佛法的流布又推动佛法的诠释的发展,所以理的阐释在变化,但是理自身不变。

自由的心智

戒定慧三学是佛教修行的基础,目标是实现心灵的自由和幸福。首先，想要心灵的自由、情感的和谐及人际关系的顺畅协调，必须破除种种障碍。在一个现实的存在里，心灵的自由必须配合各种世间的运作，这就是佛法不离世间法。淑世主义强调佛法与世间礼仪和秩序的一致性。佛法不仅不脱离世间法，而且与国法和法律相辅相成。这种教化作用是一种秩序的表达，不是去违背现有的社会秩序，而是在秩序的基础上，通过智慧去破除那些阻碍人们达到心灵自由的障碍。佛法的教化作用在于帮助人们理解并超越世间法可能对心灵自由造成的限制，最终实现真正的自由。

自由是一种稳定的状态，从定的方面讲，所有的自由都是一种稳定的表达。也就是说，情绪的表达是变化无常的，有喜怒哀乐各种表达，但自由的都是稳定的，所以解脱者是稳定的，阿罗汉就是稳定的状态。

自由的心灵包含着戒律，戒律的最终目标是"戒而无戒"。自由对戒来讲，最终是道共戒，就是戒而无戒。戒最终是要达成一种自由，真正的自由达成了就没有戒的需求，这是戒的根本精神。所以，禅宗讲无相戒，实际上是指菩萨戒。自由并不是放纵，无我并不是一种自我，方便一定不是随便，这是任何世间法跟出世间法的共同之处。

佛法深广如海，无穷无尽，讲不完，也学不完，所以形寿皈依法，就是生生世世常随佛学。生命是用来跟别人分享的，并不存在一个真正的自我的生命，所以，不需要天天想着自己应该怎么活，应该想：众生怎样需要我，我就怎么活着，这也是一种自在。同时，人们必须铭记，活着就意味着承担责任和使命。回到"我们为什么存在"这个问题上，这是对于理想的追寻，在追寻理想的路上，就是要勇于承担责任与使命，追寻一个自由和幸福的境界。不但自己要获得自由和幸福，也要同时给予别人自由和幸福。

解脱：幸福与自由

解脱与幸福

什么是解脱?

解脱并不是逃离痛苦,从任何痛苦中逃走,都会遭遇另一种痛苦,一次解脱必须超越痛苦。在世间法里,在世俗的层面上,人们常常认为逃避当前的痛苦就能获得解脱,但这往往只是用一种痛苦交换另一种痛苦。例如,有人因感到生活烦闷和痛苦而选择出家,却发现出家生活中依然存在着不同的痛苦。有人厌倦了工作的烦琐,以为出家就能摆脱这些烦恼,却没想到出家后可能面临更多的事务和责任。还有人因为无法承受生活的痛苦而选择自杀,但这只是一种逃避,并没有真正解决问题,反而带来了其他形式的痛苦。比如,离婚是结婚的另一种痛苦；死亡是出生的另一种痛苦；分手是恋爱的另一种痛苦。舍离痛苦并不是一种解决痛苦的究竟的办法，因为人远离这种痛苦之后，另一种痛苦马上紧接着而来。所以，解脱不是从一种痛苦走向另一种痛苦，而是从当下开始，从认识痛苦开始，接受痛苦，并了知痛苦的根源，继而断除造成痛苦的烦恼，迈向解脱的道路。

用一个数学公式来表达解脱的本质，就是A=非A。在这个世间里解决痛苦的办法，是换一种痛苦的方式。就是说，大部分人是从旅途A走向旅途B，A和B之间，永远是个对待法，人们往往预设下一段旅途应该比这段旅途更美，预设B比A好。但当你真的进入下一段旅途B的时候，你就发现旅途B依然是痛苦的，这就是生命的本质。从A走向B永远都不可能解脱。解脱就是必须在这段旅途解决问题，不要等到下一段旅途。就是说，在A这个当下解决A的问题，从事物的本身着手，解决本身的问题，不要用B来解决A的问题。

佛法的语境中，解脱的本质可以表达为生死即涅槃。生死即涅槃的意义在于，透彻生死的本质，于生死中无碍自在，即是涅槃；如果离开这个生死，就不可能有涅槃。看山是山，看水是水，这是A的过程；看山不是山，看水不是水，这是非A的过程；最后，看山还是山，看水还是水，这三个修道的历程，正是 A= 非 A 的表达。需要注意的就是，非 A 是永远不会来临的，人只有在每一个当下解决这个问题，才是解脱的真正的本质。所以，解脱的逻辑，并不是 A 从 B 中解放、脱离出来，因为那样的话，A 和 B 是一种对待，而且有预设的价值差异，反而永远无法得到解脱。只有根据 A= 非 A，才能获得究竟的解脱。

解脱的目标

解脱这一目标，符合人类不同文明体系的共同目标。一切文明体系追求的无非就是：真、善、美，就是哲学上的真、道德上的善、艺术上的美。而佛法就是要追求真——觉悟宇宙人生的真理，善——生命的自由，美——生命的幸福完全实现，这是一个解脱的目标。所以，佛法的范围比哲学要宽，它不但是哲学，也包括伦理和艺术的维度。

佛法要实现解脱的目标，就要包含对真理、道德、艺术的追寻。对于追求解脱的人来说，觉悟宇宙人生的真理是基础，包括对缘起、因果和业力等佛教核心概念的深刻理解。在佛教中，见缘起即见法，见法即见佛。我们平常说禅宗的开悟，即使在禅宗中体验到了开悟，仍然要在林下水边长养圣胎，这一过程被称为"断惑"。开悟不是终点，而是继续修行、深化理解和实践的起点。

单纯的觉悟并不完整，需要与道德行为相结合。道德是体现生命真正自由的关键。任何不道德的行为，实质上都是对自由的侵犯。例如，限制他人的自由是不道德的。佛教的基本五戒中，不杀生是因为所有生命都有对生存的渴望，杀生就是剥夺了其追求生存的权利；不偷盗则是因为每个人都希望保护自己的财产和自由，不偷盗就是尊重他人的自由。一个真正有道德的人，是在尊重和保障所有生命自由的基础上实现自己的自由。有些人可能会认为持戒限制了自由，感觉它是一种束缚。持这种观点的人没有理解持戒的深层含义：只有当你尊重他人的自由时，你自己才能真正享有自由。那种为所欲为的自由，实际上在不断地侵犯他人的自由。比如初果罗汉，初果罗汉走路离地三尺，他走路时没有迫害到其他生命，这是一种功德，所以他是解脱者。

美，就是要实现生命中的幸福，真正的美，不是暂时的快乐。有人说，世界上最伟大的人不是秦始皇、恺撒大帝、亚历山大这些人，而是孔子、耶稣、释迦牟尼，只有智慧的王国才是最永久的。那些建立庞大帝国的君王，他们的成就随时间流逝而烟消云散。相比之下,孔子、耶稣、释迦牟尼等精神领袖所传授的智慧,却历经世代仍被人们铭记和学习,他们的教诲塑造了人类的精神世界,成为永恒的遗产。真正的美应该来源于永恒的幸福,并不是暂时的快乐。世间人会认为,美的东西就是给自己带来快乐的东西,但是所有给自己带来快乐的东西,都是暂时的。佛法的解脱目标,是真善美的根本原因,叫宇宙之善。

解脱是对内心妄想分别的止息,而不仅是求取功德或是其他价值。因为功德的积集必须依持特有的因缘,因此终必是无常的。只要是缘起法,一定是无常法。比如,信徒要供养三宝,必须三宝现前他才有机会供养。但人的解脱却是在每个当下、每个生命的历程里都可以去实践的,因为这不需要特殊的因缘。如果说往生净土是一个目标,等往生净土以后就没有意义了。如果说成佛是一个目标,那成佛以后做什么?追求成佛,不是把成佛当成目标去设定,而是在修行的历程中广度众生、积集福德智慧资粮。所以,解脱是生命与存在的自我实现。

解脱的特点

第一，解脱是平等的，这是佛教的伟大之处。所有众生都具备证得佛果的潜力，因此都有佛性。这种平等性给予所有生命以希望，无论他们来自何种信仰背景。星云大师提倡的三句话——给人希望、给人欢喜、给人方便——正是佛教精神的体现。最大的希望是成佛的希望，即使是最微小的生命，如蚂蚁，也有成佛的潜力。

第二，解脱是永恒的实践历程，它超越了时间的限制，关乎意义的深远。《华严经》里最后的境界就是一刹那即永恒，这也是意义的设定，不是时间上的永久，而是在每个瞬间与永恒目标的连接。总之，这个永恒的实践历程就是指，有一个永恒的目标，有一个永恒的意义，架设在每一个生命的历程里。

第三，解脱是精神的醒悟，融合自他等无差别，合个人之善与宇宙之善为一。这个醒悟，是个人与宇宙合而为一。

第四，解脱者的行为中，方法与目的合而为一。世间人看出家人，可能会认为出家人很痛苦，早晨4点起来，一直到晚上11点，好像种种苦。但是，法师出家最根本的原因就符合这两个追寻：对自由的追寻，对幸福的追寻。而这个幸福来源于方法跟目标的合一，如果说出家还有另外的目的，那就很痛苦了。如果，你出家的目标是当方丈，那你可能会发现你的福报不够，目标没实现，那么这出家就完全没有意义了。所以，大家要思考什么是自己的目标，幸福，就是说事物本身的实现就是它的目标，并没有异化。

解脱的幸福

幸福具备四个特点：创造性、永恒性、直接性或亲身性、自成目的性。

第一个特点是创造性，它意味着不断地改变和适应。一个人怎样才能让自己安住在当下的环境？只有改变自己才能适应这个地方。比如，一个人说太热了，要开空调，另一个人说不行，我怕冷，开空调我会感冒。在夏天，经常出现这种争论。你如果觉得会感冒，就拿条毛毯披上，自己调整，无论开不开空调，都能够安住下来，这才叫幸福。幸福就是不断改变自己的过程，这是修道的根本原因。一个很有名的公案，说圆瑛法师去讲经，每次讲完经维那师就说，打引磬送法师回寮。有一次，圆瑛法师说，不要打了，我自己回去。为什么？因为维那师喊错了，说"打法师，送引磬回寮"。圆瑛法师只好说不要打了，我自己回去。他如果把维那师骂一顿，气氛马上就变了。所以，修道就是不断地改变自己，而不是去改变别人，也不要以为能真正改变别人。法师去教化别人，是希望别人能改变，但是最终能不能改变，真的不是法师能决定的。人能够改变的唯有自己，在每个生命的历程里，真诚地面对自己的生命，从改变自己出发，这就是一种幸福。

第二个特点是永恒性，在生命历程里的每一个当下，人都在创造一种永恒性的意义。如果每个当下没有跟一个永恒的意义发生联系，那么生活真的是没有意义的。比如，人们在听课，一边听课，一边在想中午吃什么，如果听课是为了有饭吃，听课会很痛苦，要不断地看表算时间。听课的意义肯定不是吃饭的意义，必须有自身的意义，必须与永恒的意义产生连接。这就是一个人为什么要有理想、有使命、有责任，否则每个当下都是没有意义的。每个人都是现实的存在，有着各种烦恼、痛苦和欲望。要超越这些现实的局限，就必须让自己的行动与更伟大的理想，如成佛、广度众生、维护正法，联系起来。所以祖师大德讲，菩萨道一定要发菩提心，就是说在菩萨道上，如果有菩提心，那么每个步骤都是有意义的，只有这样才能安住下来。所以，人必须在每个当下创造一种永恒的意义。解脱，就是安住在当下，不会被当下所障碍，这样就是幸福的。

第三个特点是直接性或亲身性，在许多情况下，人们可能希望有人能够代替自己经历某些事情，但事实上，没有人能够代替自己，特别是在生死这样的根本问题上。比如听课，现场听课和看录像、听录音是有区别的，因为看录像、听录音不是亲身体验的，那个时空、那个场景，你没有经历过。那样听课，像隔靴搔痒，不幸福。比如拜师，有人觉得，要拜名师或者一定要找修道最好的师父，在自己不行的时候师父还能拉自己一把。这种想法是错的，实际上徒弟是徒弟，师父是师父，古话讲，师父引进门，修行在个人。所以，什么东西是最幸福的？真正的幸福来自人们在生命历程中那些无数的、直接的、亲身的经历，这些是别人无法替代的。

最后一个特点是自成目的性。当目的与方法合一时，目的不再是外在强加的异化目标，而是一种内在的、自然而然的追求，这样的状态才是幸福的。修道、坐禅、念佛的意义是什么？念佛的当下，就是你的目的，所以你念佛才有意义。如果说，你真的把念佛和往生净土当成随时随地都放在心中的目标，那么如果这辈子不能往生，该怎么办？实际上，最好的实现意义的办法，就是每个当下自身意义的呈现。有没有往生净土，是一个缘起法。如果说坐禅的目标就是开悟的话，古往今来开悟者寥寥无几。如果把开悟当成坐禅的目标，而忽视了修行过程中的每一步体验，最后只会导致脑神经出现问题。

幸福与快乐的区别是什么？世间的快乐往往具有一种消费性特征。这种快乐是通过一种交易行为来实现的，比如用金钱购买可乐，人们通过消费得到短暂的满足感。但这种满足是暂时的，一旦可乐被喝完，快乐也随之消失。因此，消费性的快乐是一种从 A 点到 B 点的过程，它不具有持久性。与此相反，幸福是一种非消费性的状态。它不是通过交易获得的，而是通过内在的纯粹意义来保存和积累的。幸福能够成为一个人生活中不可磨灭的一部分，为生活增添深刻的价值和意义。被消费的东西在本质上是短暂的，而幸福则具有长远的影响力。每一种幸福都是非消费性的，它会以纯粹意义的方式被保存积累，会永远成为一个人生活世界中抹不掉的一层意义。成佛需要经过三大阿僧祇劫，根本原因就在于时间不是问题，当下才是最主要的问题。很多人说望佛道长远而生退心，就是没有理解三大阿僧祇劫的意思。

幸福与欲望满足的区别是什么？欲望是不讲道理，欲望是一种强烈的内在冲动，它有时不按理性的逻辑行事，能够驱使人们去做一些他们可能事后会后悔的蠢事。人们常常追求欲望的满足，但这种满足带来的快乐是有限的。欲望的满足往往意味着一个过程的结束，而任何有终结的事物其意义都是暂时的。一旦欲望得到满足，它所带来的快乐和意义就会随之消失。与之相对的是幸福，它通常与那些没有终点、可以持续一生去追求的事物相关。这些事物因其无限的深度和广度，能够不断地激发人们的生命活力和创造力。生命中，具有无限意义的事情是做不完的，所以值得用一生去追求和珍爱。如果说，读书的意义就是读书，读书没有毕业、没有结业，那也就没有失业。幸福是追求最纯粹的意义，你不需要想什么时候毕业，只要活着就读书；只要活着就念佛，只要活着就坐禅，不要期待开悟，也不用期待往生净土，这就是人生最大的幸福。

幸福不能仅仅通过好的结果，还必须经由美好的行动过程来定义；对行动本身的关注意味着准备在这一行动本身中去创造幸福，而不是苦苦等待遥远的幸福。因为人们不了解修行的真正意义，才会渴求快速成就。修行的过程是幸福，所以你无须等待这个幸福的来临，你不去逃避生命中的每一个过程，你才是自由的。

解脱与自由

解脱的自由

　　幸福建立在自由的基础之上。虽然自由并不直接等同于幸福，但它是实现幸福的先决条件。从目的论的角度来看，人的本质在于创造性。生活中的苦难被视为障碍，而自由则是对这些障碍的克服，而非简单地逃避它们。

　　你如果读完释迦牟尼佛的一生，就会发现他的一生跟普通人差不多，他的教团会分裂，出现提婆达多，他的肉身会生病，但佛陀跟普通人最大的区别在于他不以病为苦，而普通人以病为苦。佛陀的肉身生病了，他很自然地接受这个病，因为病是生命中的自然现象，人没有必要去抗拒它，只需要对待它。很多人还会有这种想法：我天天念佛、拜佛，天天念《地藏经》，怎么还生病呢？有时候人生病后继续念《地藏经》，希望《地藏经》能治好自己的病，最终却发现自己还是要吃药的，药有药的因果，病有病的因果，不能因果颠倒。《地藏经》是要解决《地藏经》的问题，因果不能错乱，世间的因果跟出世间的因果不能混淆。

什么是缘起法？一切现象都有其因缘条件，因此佛陀通过了解和思维缘起法来指导自己的生活。生、老、病、死是生命的自然规律，不应以此为苦。如果以此为苦，你就是陷入了"苦苦"。反过来讲，自由就是不以此为障碍。比如，听课实际上是一个障碍法，因为不但有纪律的要求还有种种障碍，你如果想远离这个障碍，就会产生新的痛苦。超越这个障碍就是自由，由此才能幸福。小时候，老师总喜欢罚我们抄书，有时候写错一个字，罚抄两百个。我小时候一直不明白老师为什么要这样罚我们，终于有一天我知道了，老师是要让我们明白，你不好好写字的后果，就是让你抄书，这是最大的痛苦。所以，如何能够幸福地安住在每个当下？就是你写字的时候，把每个字都写好，你就没有抄书的痛苦，而抄书的痛苦就在于它是一个重复的过程。比如，每天读《老子》，你不是在重复读老子，而是在你的生命中融入老子的生命，这就是一个创造。每天诵经，无论你诵《心经》还是诵《金刚经》，你把你的生命跟《金刚经》融合，就是一个创造，创造就是幸福的。

自度与度他

维摩诘言："从痴有爱，则我病生；以一切众生病，是故我病；若一切众生得不病者，则我病灭。所以者何？菩萨为众生故入生死，有生死则有病；若众生得离病者，则菩萨无复病。譬如长者，唯有一子，其子得病，父母亦病。若子病愈，父母亦愈。菩萨如是，于诸众生，爱之若子；众生病则菩萨病，众生病愈，菩萨亦愈。又言是疾，何所因起？菩萨疾者，以大悲起。"[1] 许多人可能会疑惑，为什么菩萨要致力于度化众生，尤其是当感觉众生与自己无关时？有人可能会认为，菩萨之所以度化众生，是因为众生处境可怜，但这种看法可能带有优越感。《华严经》里的《普贤行愿品》讲，菩萨，是以众生为根。就是说，菩萨这个概念的成立，在于他有众生。众生与菩萨之间形成一个对待法，而这个对待法反过来说明了，正是因为有众生的存在，菩萨才是有意义的，如果离开了众生，就

---

① ［后秦］鸠摩罗什 译：《维摩诘所说经》，《大正藏》（第14册），第544页中。

没有菩萨了。比如，我在台上讲课，我讲课是因为有人在听，所以我讲课是有意义的，如果没人在听，我还坐在台上一直讲，那我讲课的意义就不存在了。所以，菩萨度化众生，并不是因为众生可怜，而是因为菩萨要实现自身的意义，这样就可以理解"自性众生誓愿度"的含义了。菩萨与众生是不可分割的一体，菩萨的存在和修行是为了度化众生，菩萨如果不度化众生，就会感到自己的存在失去了意义。菩萨度化众生，一定是广度众生，因为他要实现自身意义的最大化，观世音菩萨是通过千手千眼来实现他意义的最大化。比如当老师的人，听课的人数越多，他可能会越高兴，因为这样意义也就越大。

后记

在佛教哲学的学习道路上,"概论"总是入门之基。于是,佛教哲学的现代阐释、讲述各种框架的"概论"成为我近20年以来最频繁的教学活动。

在佛教哲学体系中,"四谛"与"缘起"是佛教哲学的基本框架。我受到旅美华人学者傅伟勋教授的启发,2004年6月26日,在新加坡演讲《从终极关怀到终极承诺》,将"一切皆苦""缘起""正觉与解脱""本体即工夫"分别阐释为终极关怀、终极真实、终极目标、终极承诺。

2010年开始,我受到"国学热"的影响,受到商学院等培训机构的邀请,演讲《佛学概论》。因为培训机构的课程密集程度高,一天6小时,两天共12小时,对佛教哲学的知识系统性提出很高的要求。其中,上海某培训机构提出系统性讲授《佛学概论》的要求,前后10天共120小时,这极大地扩展了我对《佛学概论》框架的想象。尤其是2012年5月8日至17日，我以《四谛思想》为题，在福建省太姥山平兴寺，系统地讲授了佛教哲学的基本框架。同时，2012年6月开始至2015年，我在宁波、温州、杭州一带不断地开办普隐学堂"欢喜地佛学班"，演讲《佛学概论》，听众受益者或达数万。

来回奔波、课上的讲授、课下的互动，其教学效果是十分明显的，本质上是以生命的雄健、佛法的智慧振动了听众的认知模式。流动意味着无常，对于演讲者的"我"来说，无论是身体，还是时间与精力，都是极大的挑战。最终，在2017年，我终于按下了演讲生活的停止键。

2012年8月，四川省峨眉山谛道法师热心帮我把平兴寺的演讲整理成文字，共10万字；2016年4月至8月，北京果白居士再次整理，剩下72000字左右。当时，曾以《存在与解脱》为书名，欲在金城出版社出版演讲整理稿。后来，一直未能完成定稿任务。

岁月荏苒，缘生缘灭，当年那些岁月的热情最后只剩下这些演讲稿，留在电脑里，成为历史和思想的记录。2024年，东方出版社王学彦老师积极推进"普隐讲演录"，让一批演讲稿有机会"脱离"当年的时空，走到广大读者的案前。2024年4月至8月，我的博士生张忆雯又帮我修饰、润色了《存在与解脱：四谛思想的智慧》，终于圆满地完成了这本书的因缘。

20 年的历史因缘，唯有惜缘与感恩！感恩当年邀请我授课的培训机构和工作人员，感谢普隐学堂众多学员的爱戴，也感谢谛道法师、果白、张忆雯的热心付出。对于我来说，文字的最大作用是抵抗了遗忘，让我更加有信心与勇气生活在这个世界上。对于当年那些听众来说，这本书能让他们不会忘失自己曾经追求觉悟的心愿，从而能更加精进地走在这条道路上。对于读者来说，希望这本书能够走进他们的生命世界，帮助他们建构自己的终极关怀，关切存在的终极真实，追寻觉悟的终极目标，自觉地承担起终极承诺。

2025 年 3 月 8 日

圣凯于北京北长街 27 号